CÔTES DE
L'OCEAN
DE LA LOIRE
A LA GIRONDE
120 DESSINS

GUIDE-ALBUM DU TOURISTE

Par Constant de Tours

VINGT JOURS

Sur les Côtes de l'Océan

DE LA LOIRE A LA GIRONDE

125 DESSINS D'APRÈS NATURE

PARIS
MAY & MOTTEROZ, LIB.-IMP. RÉUNIES, 7, RUE SAINT-BENOIT

GUIDES-ALBUMS DU TOURISTE, par CONSTANT DE TOURS

EN VENTE DANS TOUTES LES LIBRAIRIES DE FRANCE ET DE L'ÉTRANGER

VINGT JOURS SUR LES **Côtes de l'Océan,** — DE LA LOIRE A LA GIRONDE, — par CONSTANT DE TOURS. Album illustré de 125 dessins exécutés d'après nature. Dans un cartonnage artistique avec fers spéciaux . . . . **3 fr. 50**

VINGT JOURS SUR LES **Côtes Gasconnes,** DE LA GIRONDE AUX PYRÉNÉES, — **Plages d'automne; villes d'hiver,** — par CONSTANT DE TOURS. Album illustré de 125 dessins exécutés d'après nature. Dans un cartonnage artistique avec fers spéciaux . . . **3 fr. 50**

ADOPTÉS PAR LE MINISTÈRE DE LA MARINE

VINGT JOURS SUR LES **Côtes de Normandie, en Bretagne et à l'Ile de Jersey,** par CONSTANT DE TOURS. Album illustré de 110 dessins exécutés d'après nature. Dans un cartonnage artistique avec fers spéciaux . . . . **3 fr. 50**

VINGT JOURS SUR LES **Côtes Normandes,** — DU HAVRE A CHERBOURG, — par CONSTANT DE TOURS. Album illustré de 130 dessins exécutés d'après nature. Dans un cartonnage artistique avec fers spéciaux . . . . **3 fr. 50**

VINGT JOURS **En Haute-Normandie** ET SUR LES **Plages du Nord,** — D'ÉTRETAT A OSTENDE, — par CONSTANT DE TOURS. Album illustré de 130 dessins exécutés d'après nature. Dans un cartonnage artistique avec fers spéciaux. . . . . **3 fr. 50**

VINGT JOURS **En Bretagne,** — DE SAINT-MALO A BREST, — par CONSTANT DE TOURS. Album illustré de 125 dessins exécutés d'après nature. Dans un cartonnage artistique avec fers spéciaux . . . . **3 fr. 50**

VINGT JOURS SUR LES **Côtes Bretonnes,** — BASSE-LOIRE ET DE NANTES A BREST, — par CONSTANT DE TOURS. Album illustré de 125 dessins exécutés d'après nature. Dans un cartonnage artistique avec fers spéciaux . . . . **3 fr. 50**

VINGT JOURS A **Paris en 1893,** par CONSTANT DE TOURS. Album illustré de 220 dessins exécutés d'après nature. Dans un cartonnage artistique avec fers spéciaux . . . . **3 fr. 50**

VINGT JOURS A **Tunis et en Tunisie,** — RETOUR PAR **Constantine,** — par CHARLES LALLEMAND. Album illustré de 15 aquarelles et 175 dessins exécutés d'après nature. Dans un cartonnage artistique avec fers spéciaux. . . . . **5 francs.**

VINGT JOURS **En Suisse,** par PAUL NAC, Membre du Club Alpin, et CONSTANT DE TOURS. Album illustré de 160 dessins exécutés d'après nature. Dans un cartonnage artistique avec fers spéciaux . . . . **5 francs.**

A la gare
de
Montparnasse-État.

Je suis, dans l'ombre étoilée,
La figure échevelée
Du l'inconnu ;
Ma vague, qu'Éole augmente,
Est, quand il lui plaît, charmante
Comme un sein nu.

(*L'Océan*, Victor Hugo.)

LE DÉPART[1]

C'est à Nantes que nous allons reprendre la suite de nos excursions variées sur les côtes du tumultueux Océan, où nous visiterons toutes les plages et les villes voisines du littoral qui se succèdent à travers le Bocage, la Plaine et le Marais, jusqu'à la Gironde et Bordeaux, depuis l'embouchure de la Loire dont il nous reste à explorer la rive gauche. Nous rentrerons à Paris par Pons, Saintes, Niort, Saumur, après vingt journées trop vite écoulées dans une des plus curieuses régions du beau pays de France.

De la Loire à la Gironde, nous verrons successivement au bord de la mer : Pornic qu'environnent, à droite, le groupe des petites plages de l'estuaire de la Loire, à gauche, les stations balnéaires

1. Voir à la fin de l'Album les *Renseignements pratiques* pour ce voyage.

de la baie de Bourgneuf, où dort l'île de Noirmoutier. L'étonnant CLISSON, tout empanaché d'arbres, tapissé de lierre, nous amènera à *la Roche-sur-Yon,* ci-devant Napoléon-Vendée, d'où l'on rayonne vers Saint-Gilles et Croix-de-Vie, en face de l'île d'Yeu, et vers les SABLES-D'OLONNE, la grande plage du centre. *Luçon* et ses plaines semées de canaux, Velluire, aussi rustique que Fontenay-le-Comte est gracieux, nous conduiront à LA ROCHELLE, la vieille cité pittoresque qui regarde, de son nouveau port, *la Pallice,* la petite île de Ré, et de sa rade largement ouverte la longue île d'Oléron; des bois verts de *Fouras* nous verrons au large : l'île Madame, Enette, Aix, petite île où revit un grand souvenir, l'embouchure de la Charente, le pays des bouchoteurs; puis nous gagnerons le port militaire de ROCHEFORT.

Itinéraire de Paris à Nantes.

Par le passage du Chapus, nous irons aborder OLÉRON, pour connaître une des îles de la côte. *Marennes* aux huîtres renommées et *Taillebourg* autrement célèbre nous mettront sur la route de *Saintes, Pons* et ROYAN, — le Trouville de l'Océan, — que relient à Bordeaux les bateaux de la Garonne devenue Gironde et le petit réseau du capiteux Médoc.

C'est à la gare Montparnasse que l'État a établi son embarcadère parisien de la grande ligne de Paris à Royan; mais, fidèles à notre programme, nous allons prendre à l'Ouest-Saint-Lazare le train de Nantes par le Mans, Sablé et Segré. Nous connaissons le trajet jusqu'au Mans [1]. Aujourd'hui c'est jour de grand marché : nous ne manquerons pas de nous y arrêter. D'autant mieux que pour

1. *Vingt jours en Bretagne, de Saint-Malo à Brest.*

voir s'agiter l'animation campagnarde de la capitale de la Sarthe, nous aurons l'occasion de traverser toute la ville jusqu'à la grande place des Jacobins, où se trouve le théâtre, où se montre, majestueuse, l'abside de la cathédrale, une des créations les plus grandioses de l'art gothique. « Au point de vue statique, dit M. Louis Gonse[1], l'abside du Mans est, avec celle de Cologne, qu'elle précède d'un demi-siècle, la plus savamment conçue des absides gothiques. On y trouve toutes les beautés d'ordre décoratif qui font à la fois de ce monument un chef-d'œuvre de l'art roman et un chef-d'œuvre de l'art gothique. ... Les mots seraient impuissants à dépeindre la majesté de ce sanctuaire. Il faut l'avoir vu, sous un certain angle, surtout à la tombée du soir, lorsque les ombres montantes grandissent ses lignes et que ses splendides verrières l'illuminent de leurs derniers feux... »

Quittant la station du Mans pour se diriger vers Sablé, on laisse à droite les lignes de la belle Normandie et de la Bretagne, précédem-

LE MANS. — La cathédrale vue de la place des Jacobins.

1. *L'Art gothique* (Lib.-Imp. réunies, 7, rue Saint-Benoît).

ment parcourues, et, traversant la commune d'Allonnes que borde le bois de Teillais où Charles VI devint fou, on arrive à la Suze d'où part la ligne de la Flèche. Après avoir franchi l'Erve près de son confluent avec la Sarthe, nous voici à **Sablé**, gentiment assise dans la vallée, au milieu de charmants paysages ; des rues montantes conduisent au nouveau château qui regarde, pardessus ses parcs ombragés, la ville coupée en deux par la Sarthe.

Le château de Sablé.

C'est de Sablé que l'on se rend en excursion à la célèbre *Abbaye de Solesmes ;* la ville est le point central d'une étoile de voies ferrées qui rayonnent vers Vendôme par la délicieuse vallée du Loir, vers Sillé-le-Guillaume que nous avons rencontré

Segré vu du chemin de fer.

A SOLESMES.

Reproduction typographique d'une magnifique eau-forte de Sadoux, planche hors texte de *La Renaissance en France*, par L. Palustre.

Le calvaire de Saint-Hilaire-de-Chaléons.

en faisant route pour la Bretagne, vers Angers où nous a conduit un précédent voyage[1]; enfin vers **Segré**, sur l'Oudon encaissée et sinueuse, d'où l'on gagne Châteaubriant et Saint-Nazaire, ou bien Nantes[2] où nous courons par Château-Gontier pittoresquement situé au-dessus de la Mayenne.

Voici que nous traversons la Loire, de la Prée-de-Mauves à la Prée-de-Biesse, et nous nous arrêtons dans la Prairie-au-Duc où s'est égarée la grande gare de Nantes-État.

1. *Vingt jours sur les Côtes bretonnes.*
2. Pour la description de cette ville et la descente de la Loire d'Angers à Saint-Nazaire, voir le Guide-Album : *Vingt jours de Nantes à Brest et Basse-Loire.*

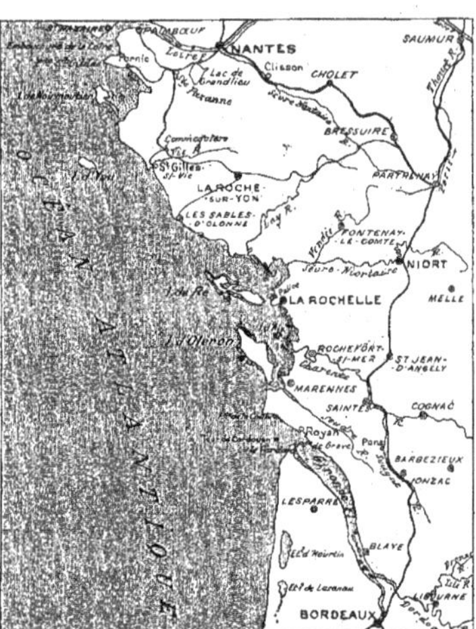

Carte générale du voyage.

EN PAYS VENDÉEN

De Nantes à Pornic et aux plages voisines. — En quittant Nantes et la Prairie-au-Duc, le train coupe le Pré-des-Récollets, isolé entre deux petits bras de la Loire, et, au sortir de la Prairie d'Aval, traverse le bras

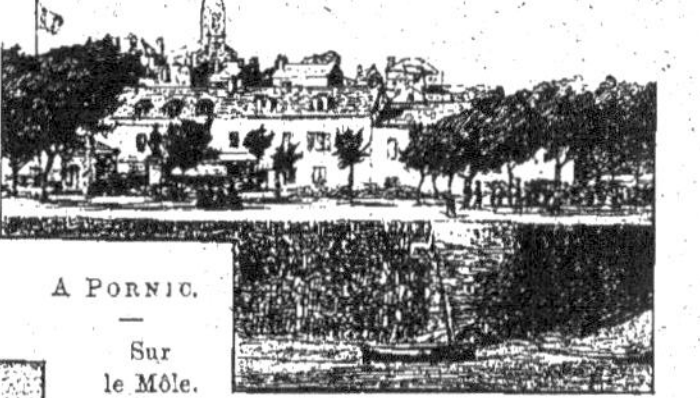

A PORNIC. — Sur le Môle.

PORNIC. — La crique du château.

principal du fleuve sur un viaduc aboutissant à l'île des « trentemoult » chevaliers. Nantes surgit tout entière, puis se découvrent les jolis coteaux de la rive droite, enfin le lac de Grand-Lieu, dont les eaux, dit-on dans le pays, ont jadis inondé et détruit plusieurs villages exclusivement peuplés de méchantes gens qu'un dieu bon, mais vengeur, punit ainsi sans miséricorde.

Longeant l'Acheneau, ou plutôt

PORNIC. — Le casino de la Noëveillard et la rade.

la Cheneau, ou mieux encore le chenal de communication avec la Loire que le chemin de fer franchit avant Saint-Léger, nous atteignons Port-Saint-Père où les Vendéens furent battus par le superbe Kléber « dont la tête, toujours surmontée d'un panache tricolore, planait au-dessus des bataillons comme le drapeau de l'armée » !

Nous arrivons à une première bifurcation : Sainte-Pazanne, d'où partent les lignes de Pornic, de Commequiers et de la Roche-sur-Yon ; puis, à une deuxième : Saint-Hilaire-de-Chaléons, dont on voit, de la gare même, le pittoresque calvaire dressé au milieu du cimetière. De là part, vers la droite, la petite ligne de Paimbœuf par Saint-Père-en-Retz, d'où l'on se rend en voitures publiques à Saint-Brévin et au passage d'eau du Mindin faisant face à Saint-Nazaire. À partir de Saint-Hilaire-de-Chaléons, notre ligne qui aboutit à Pornic dessert plusieurs petits ports ou plages que nous visiterons en revenant de notre excursion sur les bords de la Loire.

Pornic. — Pornic, qui arme pour la pêche de la morue, est en même temps une coquette station balnéaire, très recherchée ; comme à Royan, que nous verrons à l'entrée de la Gironde, les baies, criques ou anses où l'on se baigne y sont nombreuses : c'est sur le versant nord de l'une d'elles, où débouche l'ancien canal de la Haute-Perche retenu par une écluse, que la petite ville, dominée par le clocher de son église moderne, s'élève pittoresquement en amphithéâtre, étageant ses maisons et ses jardins au-dessus du port bordé de quais. Un château du XIIIe siècle, restauré, en garde l'entrée, et de chaque côté, sur la rampe de Gourmalon comme sur la rampe du Château, de fraîches villas cachées dans la verdure, couronnent le chemin taillé dans la côte, encadrent de la façon la plus charmante la baie ouverte sur la rade de Pornic ; un phare à feu fixe jette sa lumière protectrice

A PORNIC.

La rampe de Gourmalon et le môle vu du quai.

sur deux écueils voisins : la Basse-Notre-Dame et le Caillou. Au pied de la ville, sur le môle quadrangulaire qui avance dans le bassin d'échouage, se dresse la statue du contre-amiral Leray.

A tout seigneur tout honneur, l'ancien château de Gilles de Retz, le voluptueux Barbe-Bleue, a donné son nom à la *Crique du Château*, qui s'étend en pente douce vers l'ouest et que l'on appelle aussi l'*Anse des Dames*. Là encore on rencontre un souvenir de la « grande guerre » ; une croix de pierre s'élève, en vue du vieux manoir, à un endroit où furent enterrés deux cents Vendéens tués à Pornic.

Suivant les sinuosités de la côte, un long chemin en corniche, réservé aux piétons, soigneusement entretenu, agréablement bordé de haies taillées, s'étend sur la cime des rochers. Il passe au front des villas élégantes dont la façade arbore uniformément une statuette de Vierge, contourne la petite *Anse du Jardinet* pour arriver à *la Noëveillard*, la grande plage de la station, couronnée par le Jardin des Plantes, promenade favorite des baigneurs, d'où l'on découvre les grèves voisines, l'île de Noirmoutier et toute la baie de Bourgneuf. Au delà de la Noëveillard s'ouvre la *Plage de Sainte-Marie* ou des *Grandes-Vallées*.

PORNIC. — Vue prise au fond du port.

Sur l'autre rive du port, que l'on

Dans la grotte de Gourmalon.

La plage de la Source.

gagne en traversant le petit pont de l'écluse voisin de la gare d'arrivée, on rencontre l'*Anse aux Lapins* et, plus loin, *Gourmalon :* de la colline un escalier en pierre descend dans une grotte où sont amoncelés de gros blocs rocheux auprès desquels coule une source ferrugineuse, pèlerinage cher aux baigneurs des environs. Hélas! elle ne jaillit ni ne cascade, la vertueuse source! C'est tout bonnement une fontaine munie d'un étincelant robinet de cuisine; pourquoi n'y avoir pas accroché, pour comble d'égards, un gobelet d'étain comme à la wallace? Au delà de cette grotte, qui n'a rien de miraculeux, se montre la *Plage de la Source* où trône un casino monumental et qui reçoit à la fois les baigneurs de Pornic et ceux du village voisin, *la Birochère.*

Sur la rive gauche de l'embouchure de la Loire. — Pendant toute la belle saison, des voitures publiques conduisent par une jolie route, à travers des petits bois de pins, de Pornic jusqu'à l'estacade de Mindin, où des bateaux traversant la Loire vous passent à Saint-Nazaire en un quart d'heure. Nous y arriverons en suivant la côte vers l'ouest et en remontant la rive gauche du fleuve.

De Pornic la route, laissant à gauche Sainte-Marie que nous avons vue, traverse la Plaine et Quirouard qui possède aussi une source ferrugineuse, de sorte que les baigneurs du joli bourg de *Préfailles,* voisin, n'ont pas à envier à Pornic sa source de Gourmalon. De cette plage aux rochers plats, où l'on peut se baigner à toute heure, on gagne, tout proche, la *Pointe de Saint-Gildas* qui limite, sur cette rive, l'estuaire de la Loire; du sémaphore on jouit d'un magnifique panorama sur la côte hérissée de rochers où vient se briser la mer, sur l'embouchure du large fleuve, sur Saint-Nazaire et les plages à la mode qui font vis-à-vis : Pornichet, le Pouliguen, la côte du Croisic, parcourues dans notre précédent voyage. Plus près, la vue s'arrête à gauche sur la baie de Bourgneuf et Noirmoutier, à droite sur les dunes et les chalets de *Saint-Michel-Chef-Chef,* sur la large plage de *Saint-Brévin,* station à son aurore qui ne voit l'Océan que des bords du vaste estuaire où elle repose, tranquille et sans *chic,* ambitieuse toutefois, et se faisant appeler Saint-Brévin-l'Océan, en attendant que la mer vienne.

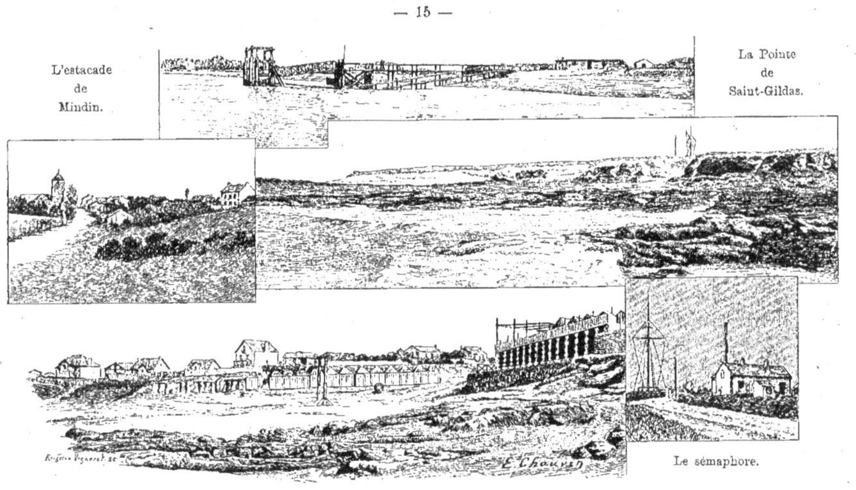

L'estacade de Mindin.

La Pointe de Saint-Gildas.

Le sémaphore.

Saint-Brévin-l'Océan.

La plage de Préfailles

A trois kilomètres plus loin se trouvent le fort et le lazaret de Mindin, le passage d'eau pour Saint-Nazaire qui avance son estacade d'embarquement en face du grand port. Aujourd'hui, la Loire coule rapide, mais il n'en est pas de même tous les jours; la « douairière des rivières », disait ironiquement Victor Hugo, — qui ne fut pas tendre pour elle parce qu'elle-même est sans pitié pour ses riverains qu'elle noie ou qu'elle ruine, — a de terribles caprices : l'envasement du fleuve en amont de Saint-Nazaire est annuellement de 406,000 mètres cubes, et l'on a calculé, d'autre part, que la Loire atteignait parfois un débit de 10,000 mètres cubes d'eau, volume presque égal au débit du Missisipi ! De là des crues redoutables, de soudaines et terrifiantes inondations « qui refoulent au loin les villages ».

La plage de la Bernerie.

C'est sur les écueils sablonneux de ces rivages de la Loire que les pêcheurs vont chaque année chercher les œufs des goélettes, très abondants et fort bons à manger.

Dans la baie de Bourgneuf. — Revenus à Pornic, nous prenons le train qui, passant par *le Clion,* nous dépose à *la Bernerie,* modeste séjour avec deux grandes rues qui se croisent, l'une parallèle à la plage, l'autre y conduisant.

Les Moutiers.

—

Bourgneuf-en-Retz et ses marais.

Sur la grève en pente douce que la mer couvre à peine s'élèvent un simili-casino des familles... et les traditionnels portiques de gymnase fort en faveur dans la contrée. A la Bernerie, vu l'étendue des sables, on pêche la crevette si l'on ne se baigne pas, et inversement; d'ailleurs, dans toutes les aimables stations de cette région, on vient, loin du bruit et des gêneurs, sans souci de la mode et de ses exigences, goûter la paix du cœur en même temps que les palourdes, les berniques, — *alias* collants, — les pinnions et autres mollusques abondant sur la côte.

Entre la Bernerie et Pornic, au-dessus des rochers battus par les flots, se construisent des habitations coquettes d'où l'on jouit de beaux panoramas. Des *Moutiers* on embrasse toute la baie de

Bourgneuf, largement ouverte en regard de l'île de Noirmoutier, depuis le Banc de Kerouars, en avant de la pointe de Saint-Gildas, jusqu'à l'ancienne île de Bouin, rattachée au continent.

Noirmoutier, que nous découvrirons de plus d'un point de la côte, est en relation facile avec le littoral par mer ou par terre : tous les jours, des bateaux à vapeur correspondant avec l'arrivée des trains partent de Pornic pour l'île. On peut aussi aller à Noirmoutier par Challans, où conduit le chemin de fer ; par Beauvoir-sur-Mer, autrefois en Océan et aujourd'hui à une lieue de la rade de Fromentine ; enfin, par le Goua, ou gué, d'une lieue de long, tracé entre des balises surmontées de hunes où l'on peut grimper si l'on est surpris par le flot et qui protègent des sables mouvants du bord. Le passage est accessible aux voitures et même aux pieds nus qui n'ont qu'à enjamber les flaques d'eau pendant les heures de marée basse où l'île devient presqu'île.

Des salines, des landes coupées de nombreux étiers nous mettent aux portes de *Bourgneuf-en-Retz*, aujourd'hui situé à deux kilomètres de la baie : la mer s'est retirée là-bas et la terre, ici victorieuse, a gagné de vastes espaces sur elle, profitant du répit que la grande rongeuse lui laisse pour accumuler ses alluvions ; mais, par contre-coup, les sables qui ont envahi l'étroit chenal du Collet y rendent la navigation bien difficile. La victoire a tourné au désastre ; les habitants de la région se défendent comme ils peuvent : ils exploitent les marais salants et n'arment plus pour la pêche.

Voulant explorer la baie, — ou encore gagner Noirmoutier, — on peut prendre à Bourgneuf la voiture publique qui conduit, à travers une rade maintenant comblée, à Beauvoir-sur-Mer, très avant dans les terres, puis à la *Barre-de-Monts*, dont le petit port de la Grève n'est séparé de l'île de Noirmoutier que par l'étroit goulet de Fromentine mesurant un kilomètre. On compte treize kilomètres de la Barre-de-Monts au village de *Saint-Jean-de-Monts*, par Notre-Dame-de-Monts, qui est à peu près à mi-route. Les dunes, couronnées de moulins à vent et plantées de pins, se déroulent en bordure loin vers le sud-est, jusque près de Saint-Gilles-sur-Vie.

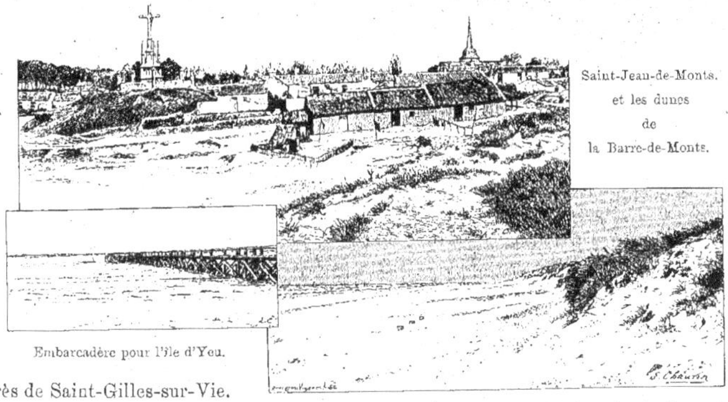

Saint-Jean-de-Monts et les dunes de la Barre-de-Monts.

Embarcadère pour l'île d'Yeu.

Saint-Jean-de-Monts est relié par un service de voitures à Challans, station de chemin de fer qui, par Commequiers, nous conduit à *Saint-Gilles-sur-Vie* et *Croix-de-Vie,* séparés par la Vie que traverse un pont de fer.

Le port de *Saint-Gilles-sur-Vie,* formé par l'embouchure de cette Vie où l'on ne pénètre qu'avec le flot, met en communication les côtes de la Vendée et l'île d'Yeu que l'on aperçoit au large, à sept lieues en mer. Dans cette rade on pêche la sardine, qui semble abandonner les côtes des Sables-d'Olonne et oblige les pêcheurs sablais à venir renforcer la flotte du pays. Aux heures de départ ou de rentrée, la petite baie, où se rencontre avec la Vie le Jaunay sinueux, offre une animation curieuse qu'encadrent gentiment les dunes et les villages jumeaux, qui groupent leurs maisons sur les bords des deux rivières.

A SAINT-GILLES-CROIX-DE-VIE. — Plage et dunes.

Ici encore s'est déroulée une page d'histoire : le général Travot, dont nous verrons la statue à la Roche-sur-Yon, y battit les Vendéens en 1815, non loin de l'endroit où l'on se baigne, au delà des dunes de la Garenne.

De Saint-Gilles-Croix-de-Vie, par Commequiers, le chemin de fer conduit rapidement à la Roche-sur-Yon ; mais nous irons par Clisson dans la vieille capitale vendéenne et, revenus à la bifurcation de Sainte-Pazanne, nous rentrerons à Nantes pour en repartir définitivement « en expédition » sur les côtes de l'Océan.

Saint-Gilles-sur-Vie et Croix-de-Vie.

NANTES. — Panorama de la Loire vers Sainte-Anne.

De Nantes à la Roche-sur-Yon, par Clisson. — Lorsque — nouveaux Gilliatts vainqueurs de la pieuvre — nous sortons enfin des multiples bras de la Loire qui enserrent Nantes, nous découvrons en une ravissante vue d'ensemble la ville entière, le fleuve coupé par ses îles, entre lesquelles filent de minuscules caboteurs descendant vers Saint-Nazaire, faisant route pour Bordeaux :

C'est à Nantes, dessur le quai,
Un jour de grand'misère,
Que le terrieu s'est embarqué,
Rincé comme un cul d'verre,
Mais quand mêm'gai.

Par là passant deux matelots
Virent le pauvre bougre,
Lui dis'nt : Viens lester tes boyaux
A bord de notre lougre.
Va-t-à Bordeaux.

Le bac
du quai de la Fosse à Nantes-État.

Le train court, passant de la vallée de la Sèvre-Nantaise à la Haye-Fouassière, renommée pour ses importantes fabriques de pâtisserie, dont la *fouasse* se répand dans toutes les foires d'alentour, colportée par des marchands ambulants. Voici le Pallet, où naquit Abélard et aussi Astrolabe, fils de sa maîtresse Héloïse, qui ne voulut pas se marier, trouvant que « c'était chose messéante et déplorable que celui que la nature avait créé pour tous... une femme se l'appropriât pour elle seule » ; noble pensée, douce aux célibataires !

De riches campagnes meublées de châteaux nous amènent à Clisson, petit chef-lieu de canton de 3,000 habitants à peine, mais qui règne poétiquement sur tout le pays par ses sites enchanteurs.

Nantes vu en traversant la Loire.

CLISSON

« Sur un coteau au pied duquel se joignent deux rivières, dans un frais paysage égayé par les claires couleurs des toits en tuiles abaissés à l'italienne et groupés là ainsi que dans les croquis d'Hubert, près d'une longue cascade qui fait tourner un moulin tout caché dans le feuillage, le château de Clisson montre sa tête ébréchée par-dessus les grands arbres. A l'entour, c'est calme et doux. Les maisonnettes rient comme sous un ciel chaud ; les eaux font leur bruit, la mousse floconne sur un courant où se trempent de molles touffes de verdure. » C'est ainsi que s'ouvrent

La ligne de Nantes à Bordeaux.

les pages enthousiastes que Gustave Flaubert consacre au vieux Clisson, et si la palette du peintre est merveilleusement riche en couleurs, le tableau qu'il peint n'est que fidèlement vrai.

Clisson assiste gracieusement, du haut de sa colline, au mariage des deux charmantes rivières : la Sèvre-Nantaise et la Moine, qui baignent ses pentes boisées. En 1793, Clisson, placé au cœur des batailles, fut brûlé, sa population dispersée : de pittoresques débris couvraient la colline, s'entassaient dans les vallées, lorsque deux artistes venus de Rome avec des goûts de constructions italiennes se fixèrent au milieu de ces beaux paysages et y bâtirent. L'art officiel de ces « lauréats » a su profiter des beautés de la Nature et, sauf peut-être à la Garenne, ne l'a pas gâtée s'il ne l'a pas embellie.

Un vieux pont de pierre aux deux arches en ogives et, à côté, un élégant viaduc, construit en 1841, traversent la Moine, qui s'écoule paisible au fond d'un vallon boisé. La route du pont antique, abandonnée pour celle du viaduc qui évitait aux rouliers une montée pénible, n'a plus à jalouser sa rivale délaissée, à son tour, pour la voie ferrée.

De ces ponts, comme de ceux de la Sèvre, qui baigne les maisons et court entre deux rideaux d'arbres, on voit Clisson sous de charmants aspects, dominé par son église neuve, de style roman, au clocher carré,

CLISSON. — Le vieux Donjon vu du pont de la Sèvre-Nantaise.

et par les ruines d'allure superbe de l'antique demeure des Clisson, formidable forteresse du moyen âge.

Les donjons escaladés par des broussailles, les pans de murailles éventrées dont le lierre d'un vert sombre ne cache pas toutes les blessures, les plantes vivaces et sauvages qui descendent comme des échelles de secours des créneaux ruinés, les mâchicoulis meurtriers où maintenant de petits oiseaux font leurs nids, le squelette des remparts de défense et d'attaque ironiquement crevassés par des ronces, éclatant sous la poussée d'une branche d'arbre, la demeure du grand-connétable Olivier, jalousement fermée aux manants, envahie à cette heure par les insectes et les lézards, les fenêtres aux rampes d'orties, les cachots jadis impénétrables aujourd'hui à ciel ouvert, la triple enceinte démolie, les fossés qui se comblent et dont la pente devenue douce inviterait à l'escalade, toute cette grandiose raillerie de la féodalité batailleuse montre partout un art exquis *d'arrangement* qui réjouit l'œil et la pensée.

Des parcs, que l'on appelle à Clisson des garennes, on découvre çà et là, en des échappées de vues ravissantes, les deux jolies rivières où de grands arbres trempent leurs racines et aussi leurs lourdes branches, les ponts rustiques, et sur le bord de l'eau les moulins des minoteries et des filatures dont la silhouette égaye le cadre verdoyant des prairies.

Vue générale de Clisson, prise du viaduc sur la Moine.

Rentrés à l'hôtel, tandis que dans la grande cheminée de la cuisine se consomme notre pot-au-feu de touriste, nous relisons les pages admirables laissées par Flaubert sur Clisson. Décrivant

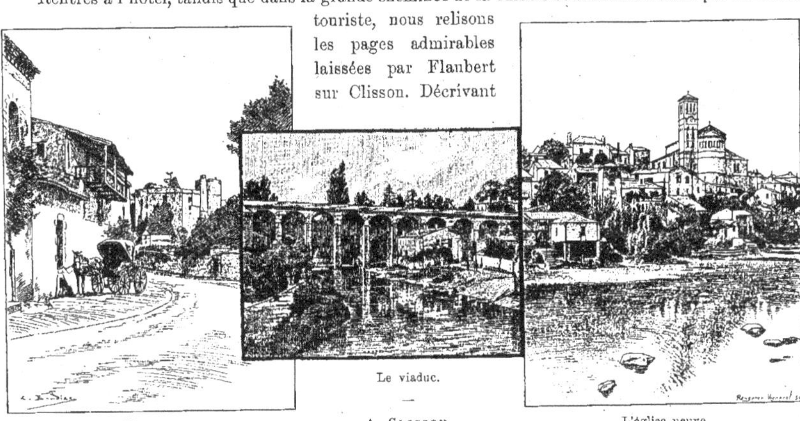

Une rue. Le viaduc. L'église neuve.

A Clisson.

la prison des hommes et la lourde porte de la prison des femmes : « C'était le bon temps de la haine,

A Clisson. — Notre pot-au-feu de touriste.

dit-il ; alors, quand on haïssait quelqu'un, on pouvait à son aise le sentir mourir à toute heure, à toute minute, compter ses angoisses, boire ses larmes... Toute votre demeure, depuis le sommet des tours jusqu'au pied des douves, pesait sur lui, l'écrasait, l'ensevelissait ; et les vengeances de famille s'accomplissaient ainsi, dans la famille, et par la maison elle-même, qui en constituait la force et en symbolisait l'idée. »

Ces heureux temps ne sont plus, et dans les familles, où l'on continue à se haïr, la vengeance est devenue moins féroce ; nous nous contentons aujourd'hui de mettre en chansons les ridicules de nos belles-mères.

Mais il est temps de partir pour la Roche-sur-Yon, où va nous conduire le Bocage aux collines arrondies, aux vallons frais, aux prairies encadrées de haies vives : Montaigu, qui pendant les guerres de la Vendée perdit ses habitants par le fer et ses maisons par le feu, nous ouvre la vallée de la Maine ; puis, l'Isoire et la Boulogne franchies, on traverse l'ancien quartier général des Vendéens, Belleville, pour s'arrêter à moins de vingt lieues de Nantes, à la Roche-sur-Yon, point de ralliement des lignes de Paris par Bressuire, — de Commequiers et Challans déjà parcourues, — des Sables-d'Olonne et de la Rochelle où nous allons.

CLISSON.
La montée à l'église.

Dans les ruines du Château. Une maison.
A CLISSON.

La Roche-sur-Yon. — Comme une simple rue de Paris, cette pauvre préfecture du département de la Vendée s'est vue souvent débaptiser suivant les événements politiques : elle s'est successivement appelée la Roche-sur-You, Napoléon-Vendée, — toutes les constructions officielles ayant été entreprises à la fois sous le règne de Napoléon Ier, — puis Bourbon-Vendée, une seconde fois Napoléon-Vendée ; enfin, de nouveau aujourd'hui *la Roche-sur-Yon,* grâce à la vieille roche, débris de l'antique forteresse démantelée, pittoresquement perchée sur la colline que baigne l'Yon ; communément dans le pays on nomme le chef-lieu : Napoléon. Ce mouvement endiablé dans l'enseigne constitue toute l'activité de cette ville d'un calme plat.

Le plan en damier d'une ville américaine s'appliquerait exactement au plan de la Roche-sur-Yon; c'est que la ville est nouvelle comme le Nouveau-Monde et que lorsque l'on construit d'un coup une ville moderne, dont les habitants existent et attendent impatiemment leurs habitations, le procédé rapide de construction est le même, que ce soit en Amérique ou en France. On se rend sur l'emplacement où doit s'élever la ville demandée, on déroule parallèlement plusieurs pelotes de ficelle et d'autres perpendiculairement : alors, toutes les fondations, alignées, marchent d'ensemble, les maisons s'arrêtent au même étage sans recherche de styles variés ; sous les chaussées défoncées on installe l'eau, le gaz, voire le téléphone et la lumière électrique, — à Paris on y ajouterait un concierge ; — sur l'asphalte on jette les rails de nombreuses lignes de tramways entrecroisées, et la ville est faite. Les Américains, qui ne sont pas casaniers, restent là s'ils y sont bien; mais s'aperçoivent-ils, la cité faite et peuplée, que le climat est insalubre, l'endroit peu propice à leurs projets, ils déménagent et s'en vont ailleurs fonder une autre ville en damier. Or, la Roche-sur-Yon, aux abords du Marais, n'est pas très sain, la ville est morte à tout genre d'affaires, mais les habitants restent attachés à leur vieille roche... tarpéienne, parfois bien près du Capitole !

Il est difficile de rencontrer ville plus monotone dans ses bâtiments lourds, dont le style ne chante pas les louanges de l'empire,

LA ROCHE-SUR-YON. — Les casernes vues du pont d'Equebouille.

Au pied de la roche sur l'Yon.

dans ses rues tirées au cordeau où l'herbe pousse librement entre les pavés ; seuls les piqueurs du bel établissement des haras égayent de leur casaque rouge les routes désertes.

Autour d'une immense place, parfait rectangle, se trouvent l'hôtel de ville et le palais de justice avec son froid péristyle à deux colonnes faisant vis-à-vis au non moins froid péristyle à six colonnes de l'église que surmontent deux tours bien carrées. Au centre de cette place d'Armes s'élève, sur un piédestal de granit, la statue équestre de Napoléon Ier.

C'est de ce milieu glacial et terne qu'est sorti cependant le peintre génial Paul Baudry dont les tableaux dégagent, comme par antithèse, une si grande intensité de vie. Au n° 4 de la rue qui porte son nom, voisine de la cathédrale, sur une plaque apposée au-dessus d'un petit magasin de chaussures, on lit : « Dans cette maison est né, le 7 novembre 1828, Paul Baudry, peintre d'histoire, membre de l'Institut, commandeur de la Légion d'honneur. Cette maison a été reconstruite en juin 1886. »

Un jour de marché à la Roche-sur-Yon.

Sur la place du Marché,

devant une élégante halle neuve se dresse — dans un mouvement dramatique de général de l'Ambigu-Comique — la statue « pédestre » de Travot, pacificateur de la Vendée.

Les rues descendent du centre à des routes joliment plantées de marronniers qui entourent presque toute la ville. Sur l'emplacement du château, à 50 mètres d'altitude, dominant la vallée de l'Yon, se montrent les bâtiments de la caserne et, vers la droite, les deux tours carrées de l'église. La vraie roche sur l'Yon — ou ce qu'il en reste — se voit des bords de la petite rivière et du pont qui l'enjambe, à l'entrée du faubourg d'Equebouille : c'est ici seulement que l'on retrouve un coin des anciens paysages vendéens et des rues mal bâties qui faisaient de la première Roche-sur-Yon une ville pittoresque, avant que vît le jour la froide improvisation napoléonienne ; sur bien des points du Bocage jadis mystérieux, les routes stratégiques, traversant les fourrés d'antan, ont mis à nu les inextricables labyrinthes, les redoutables chemins creux profon-

La Roche-sur-Yon.
La statue de Travot et la halle.

Un piqueur des haras.

dément encaissés « où les convois faisaient à peine trois lieues par jour, où chaque morceau de terre formait une redoute avec ses fossés et ses remparts de branches, de feuillage et d'épines que l'habitant perçait çà et là comme un sanglier, tandis que l'étranger perdu n'y voyait qu'un mur infranchissable ».

Tout à côté de la ville tranquille s'agite un monde de baigneurs... sur les Sables-d'Olonne ; le train nous y emporte.

De la Roche-sur-Yon aux Sables-d'Olonne. — On laisse à gauche la ligne de la Rochelle ; — des landes annoncent le voisinage de la mer ; — un arrêt à Olonne, petit village dont la ville actuelle des Sables dépendait jadis ; — une plaine où s'étalent les « salanges » aux nombreux mulons blancs que borne au loin un bois de pins sur des dunes, et nous sommes arrivés à destination.

LES SABLES-D'OLONNE

Nous voici dans l'une des stations balnéaires les plus fréquentées des côtes de l'Océan, rendez-vous d'été des Vendéens et des Angevins, qui offre par excellence aux « rhumatisants » du centre de la France sa vaste grève ensoleillée.

Sans être — *aristocratiquement* parlant — ce que l'on est convenu d'appeler une « plage à la mode », les Sables voient déjà venir quelques étrangers, des toilettes élégantes, en un mot l'élément mondain qui fait monter le prix des vivres ; nous ne parlons pas du Parisien qui vient dans ce familial séjour comme il va partout : Paris, grand fournisseur de gais voyageurs, de curieux et d'anémiés,

Vue panoramique des Sables-d'Olonne.

envoie dans tous les coins du monde des représentants de ses goûts fantaisistes et va tirer de leur torpeur, réveiller dans leur solitude les landes les plus désertes, les dunes les plus stériles.

C'est aux Sables-d'Olonne uniquement, sur toute cette côte de l'Atlantique, que nous rencontrerons un costume original à croquer au passage : il est coquettement porté par les Sablaises du quartier de la Poissonnerie et du faubourg de la Chaume.

De la gare, la route de Nantes aboutit à la place de la Liberté où se trouve l'hôtel de ville et qui occupe un vaste terre-plein central d'où l'on rayonne vers l'est par le Champ de foire, vers le Port à l'ouest, et tout droit vers la Plage par la rue Travot. La ville, aux maisons serrées, aux rues tortueuses que domine l'église Notre-Dame, s'étend sur un bourrelet de dunes qui barre l'embouchure de l'Ausance, sur une longue presqu'île entourée au nord par le vaste bassin

La plage des Sables-d'Olonne.

d'échouage du port, à l'ouest par le chenal qui sépare les Sables-d'Olonne du faubourg de la Chaume, au sud par la mer. Les rues ensoleillées, les toits plats, les maisons blanches aux volets verts rappellent l'Espagne; lorsqu'on arrive sur les quais du Remblai et de Franqueville, cette première impression « s'échauffe » terriblement sous les rayons brûlants d'un soleil méridional qui, tombant bien d'aplomb,

SABLES-D'OLONNE. — Sur les quais du port.

enflamment la terrasse en arc de cercle de la plage. Elle se développe, depuis le Casino, à l'entrée du port, sur une étendue demi-circulaire de près de 2 kilomètres ; de nombreux escaliers plongent sur la grève, qui descend en pente douce vers l'Océan et acquiert ainsi, à la basse mer, une largeur n'ayant rien à envier à la longueur. Sur son sable fin s'éparpille toute une armée de promeneurs à pied ou à âne, se dressent à l'heure du bain tentes et cabines d'où sortent d'innombrables baigneurs, s'ébattent et gambadent en tout temps de jolis groupes d'enfants, la jupe ou la culotte relevée, creusant des trous profonds, jouant au crocket, courant dans l'écume de la vague montante, blanche et pailletée sous le soleil. A l'heure crépusculaire qui précède le dîner, — quand le soleil, « cette joie du monde et ce père de toute vie », sombre et s'abîme dans les flots, — la terrasse des quais prend à son tour une grande animation qu'elle retrouve encore, plus tard, à l'heure de la digestion, sous les ombres de la nuit.

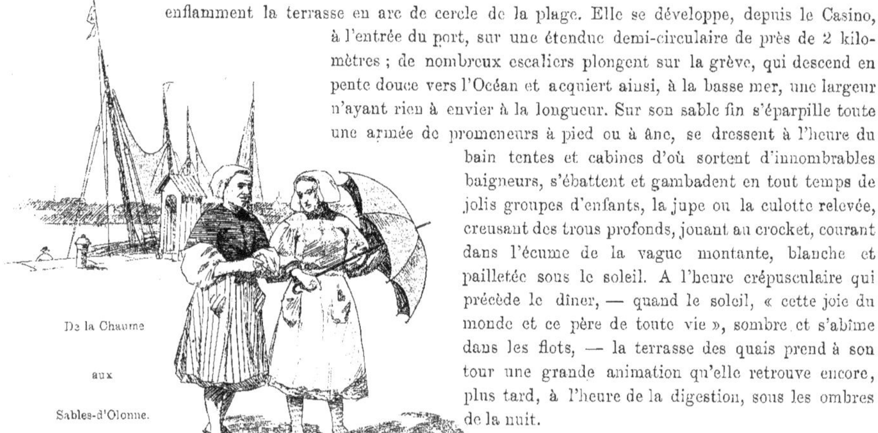

De la Chaume aux Sables-d'Olonne.

Mais le pittoresque et l'originalité de la petite ville se manifestent autour de la Poissonnerie, sur les quais du port, à la halle au poisson pendant la criée : le jupon court, le bas à jour ou bariolé dessinant un mollet bien rond, le fin sabot claquetant de la Boulonnaise, le corsage et la jupe de couleurs variées, le bonnet aux longues brides pendantes forment un ensemble gracieux que la Sablaise sait parfaitement mettre en valeur. Le spectacle continue dans le faubourg de la Chaume, qui communique avec le port des Sables par les passerelles de l'Écluse, du Bassin à flot et du Bassin des Chasses, ou par un service de barques établi au quai de la Cale au lard ; on y surprend tout ce monde de pêcheurs chez lui, les « chalutiers » prêts au départ, les sardiniers qui pendant l'été explorent les parages de l'île d'Yeu, la femme « tapinant ses rêts » et, partout sur le seuil des portes, des enfants en grand nombre. Comme dans les pays de sables que nous avons visités au nord de la France, les maisons n'ont qu'un rez-de-chaussée protégé par la dune et qui tourne le dos à la mer.

SABLES-D'OLONNE. — Autour de la Poissonnerie.

Le faubourg de la Chaume termine la Pointe des Dunes d'Olonne en face de la grande jetée de l'Est et forme avec les Sables-d'Olonne la rade et le port. Du phare d'Arundel, qui arbore ses créneaux et ses mâchicoulis près des ruines du château du même nom, à l'entrée du chenal, on découvre la rade entière et la forêt de pins voisine. Elle défend les dunes d'Olonne contre les dangereux vents d'ouest et s'étend depuis la Chaume jusqu'au havre de la Gachère, au delà des marais salants que l'on voit du train en arrivant aux Sables; c'est une attrayante excursion où l'on va trouver le sous-bois rafraîchissant que laissent désirer les arbres aussi tordus que peu feuillus du cours Blossac! Chercher de l'ombre est, d'ailleurs, la préoccupation constante du villégiateur aux Sables-d'Olonne où les plantations brûlent sur pied, dit-on, mais où la brise de l'Océan ne saurait lutter contre les ardeurs solaires. On ne demande pas de fleurs, hélas! mais un peu de vert feuillage; qui nous fera voir la feuille des bois?... Un tramway attelé d'un cheval court *à toute vapeur* le long de la terrasse embrasée, faisant la navette entre le bois et le Casino qu'il vide de ses abonnés pour les transporter,

SABLES-D'OLONNE. — La vente à la criée, à la halle au poisson.

altérés d'ombrage, sous les pins de la Rudelière, — désignée pompeusement dans le pays sous le nom de « la Forêt », — abri naissant qui grandira, espérons-le, puisqu'il est presque espagnol.

La tour d'Arundel
et le Faubourg de la Chaume.

—

Entrée du port des Sables-d'Olonne.

La grande jetée.

De la Roche-sur-Yon à la Rochelle. — Sortis du Bocage, après avoir traversé la Roche-sur-Yon et la Plaine, nous pénétrons dans le Marais poitevin. Autour de l'évêché de Luçon, qui élance au-dessus de la rase campagne la haute flèche de sa cathédrale, s'étendent des marécages où dort le nénuphar blanc, d'immenses champs de roseaux où chantent les grenouilles, des prairies inondées de sinueuses rivières tantôt dormantes, tantôt débordantes, des plaines coupées par un grand canal qui va de Luçon à la mer.

Toute cette région plate et humide rappelle le pays flamand où paissent de belles vaches dans de gras pâturages ; elle est pour ainsi dire circonscrite par la ligne de la Rochelle que nous suivons et finit au Pertuis Breton resserré entre le littoral et l'île de Ré. La baie de l'Aiguillon, qui ouvre son éventail sur le détroit, est tout ce qui reste du golfe du Poitou dont l'ouverture atteignait jadis de 35 à 40 kilomètres, allant jusqu'à Niort; ses dimensions

Le Marais poitevin.

Flèche de la cathédrale de Luçon.

La Plaine.

diminuent d'année en année et sur toute cette région la côte se soulève lentement : les eaux jaunâtres chargées de tout le limon de la Loire et de la Gironde viennent progressivement se déposer sur les platins environnants. La mer s'est retirée après avoir laissé loin dans les terres, en des points aujourd'hui élevés et devenus collines, des preuves irrécusables de son passage et de son

Dans l'église de Vellaire.

départ : des bancs de coquillages semblables à ceux que l'on trouve encore au fond des baies, depuis la Pointe du Grouin du Cou jusqu'au-dessous de l'Anse de l'Aiguillon.

Le sol du Marais se divise en zones juxtaposées qui suivent le degré d'assèchement : les marais desséchés, convertis en prairies ou livrés à la culture ; les marais à moitié secs... et malsains, car les eaux y croupissent ; les salanges inexploitées, envahies par les eaux stagnantes et parsemées de roseaux, de saules et de frênes ; enfin les marais salants en

Après la messe : *ite, missa est !*

activité. Là, l'eau de mer descendant de la *vasière* où l'ont conduite les *étiers* s'évapore, abandonnant par la cristallisation, dans les *tables salantes,* le sel qu'elle contient et qui passe définitivement des *œillets* sur les *ladures.*

La Vendée franchie, notre train s'arrête à *Velluire,* bifurcation pour Fontenay-le-Comte. *Fontenay-le-Comte* est une des plus jolies villes de la province vendéenne ; assise sur les bords de la Vendée dont l'eau transparente baigne les murs de ses jardins, elle s'offre aux yeux de l'artiste sous de délicieux aspects [1].

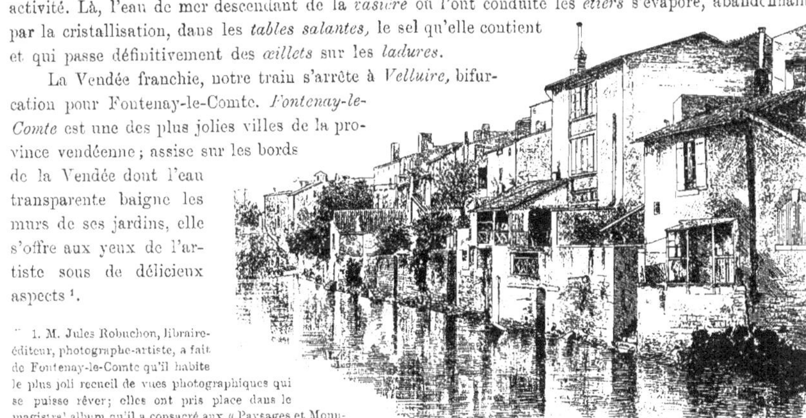

FONTENAY LE COMTE. — Sur les bords de la Vendée.

1. M. Jules Robuchon, libraire-éditeur, photographe-artiste, a fait de Fontenay-le-Comte qu'il habite le plus joli recueil de vues photographiques qui se puisse rêver; elles ont pris place dans le magistral album qu'il a consacré aux « Paysages et Monuments du Poitou » avec Notices publiées sous les auspices de la Société des Antiquaires de l'ouest. (Lib.-Imp. réunies, May et Motteroz, directeurs, 2, rue Mignon, Paris.)

L'église Notre-Dame, construite sur une crypte romane, élève hardiment à 79 mètres de hauteur son clocher surmonté d'une flèche octogonale, d'où le panorama est immense.

Fontenay-le-Comte a conservé des restes de son ancien château, où fut enfermé le cardinal de Bourbon; une curieuse fontaine de la Renaissance, due à l'architecte Liénard de la Réan; de belles maisons du XVIe siècle.

Revenus à Velluire, nous traversons la Sèvre-Niortaise et nous passons à Marans, situé au cœur des marais, comme son nom l'indique, et qui se trouvait dans une île au XIVe siècle.

FONTENAY-LE-COMTE. — Le pont des Sardines.

Andilly-Saint-Ouen, quatre lieues avant d'atteindre la Rochelle, dessert le pays des *bouchots,* l'une des curiosités de la région : Charron, Esnandes, Villedoux, Marsilly se livrent à la culture des moules dont le frai se recueille dans les bouchots, que l'on voit émerger des eaux, comme une ville submergée qui reverrait le jour au retrait de la marée. Alors, des êtres singuliers, moitié hommes, moitié bateaux, s'agitent étrangement, parcourent les labyrinthes des parcs et des pêcheries : ce sont les *bouchoteurs,* culs-de-jatte volontaires, qui, agenouillés sur une jambe dans l'*açon* ou *pousse-pied,* dirigent leur petite barque sur la vase enlisante en se servant de l'autre jambe, solidement bottée, comme d'une rame et d'un gouvernail.

FONTENAY-LE-COMTE. — Le clocher de Notre-Dame.

A FONTENAY-LE-COMTE.
Fontaine de l'époque de la Renaissance.

« La boue charriée et déposée sans cesse par plusieurs rivières a converti cette baie en une vasière, en un lac de boue que la mer découvre à chaque marée.

« Malheur à l'imprudent qui s'aventure sur cette plage détrempée ! Aussitôt il enfonce : c'est en vain qu'il se débat, que ses mains crispées cherchent à se retenir au sol qui l'entoure.

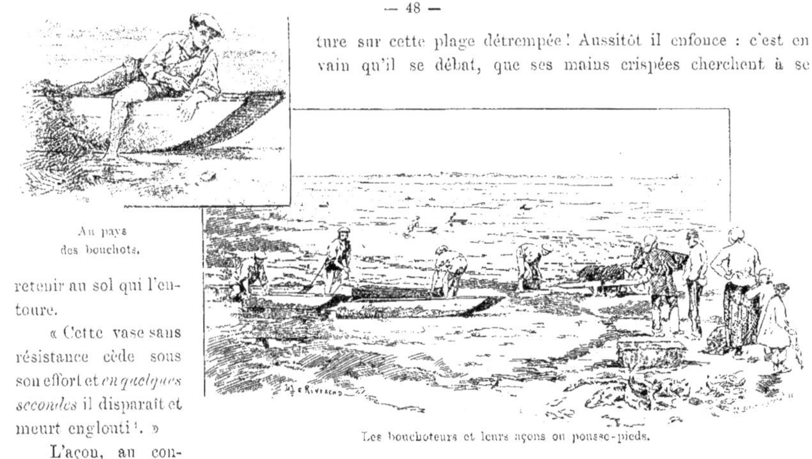

Au pays des bouchots.

Les bouchoteurs et leurs açons ou pousse-pieds.

« Cette vase sans résistance cède sous son effort et *en quelques secondes* il disparaît et meurt englouti [1]. »

L'açon, au contraire, glisse sur cette surface mobile où le pêcheur court avec la vitesse d'un cheval au trot.

1. Armand Landrin, *les Plages de la France* (Hachette, édit.).

Après Dompierre-sur-Mer, — dont la station est fort avant dans les terres, — longeant le canal de Marans qui débouche à la Rochelle, au bassin de retenue des chasses, nous entrons, nous-mêmes, dans la pittoresque ville, que l'on découvre sur la droite, au delà des salines.

Nous laissons loin à gauche, au delà de la route des Minimes plantée de petits tamaris, l'ancienne gare de la Compagnie d'Orléans, aujourd'hui remplacée par la gare de l'État où nous descendons. Mettons notre montre à l'heure de la Rochelle, exceptionnellement en avance de douze minutes sur Paris.

LA ROCHELLE. — La Porte Saint-Nicolas.

LA ROCHELLE

La Rochelle, chef-lieu de la Charente-Inférieure et port de commerce sur l'Océan, ne compte pas 25,000 habitants : « Jamais, dit son historien, elle n'a pu se relever du coup terrible que lui porta Richelieu » ; mais la petite ville, en dépit de ses transformations, a conservé son caractère pittoresque d'ancienne place-forte, ses fortifications élevées d'après les plans de Vauban, percées de sept portes restaurées, ses rues arrondies dont quelques-unes sont bordées de galeries en arcades, trois tours échappées à la destruction des anciens remparts, de vieux monuments et des maisons à gargouilles curieuses, des façades en bois et ardoises, avec porches.

Le bastion Saint-Nicolas.

Le port, autrefois en relations suivies avec le Canada et les côtes africaines, s'abrite au fond d'une anse dépendant de la vaste rade formée par le continent et les îles de Ré et d'Oléron.

En quittant la gare, située entre le bassin à flot

extérieur et un bastion que baigne l'eau du canal de Marans, nous pénétrons dans l'enceinte par la porte Saint-Nicolas couronnée de créneaux et dont les deux baies ouvrent sur le quai Valin, au fond du bassin à flot intérieur; au delà du canal Maubec servant de chasses, le quai Duperré, que domine le clocher de l'église Saint-Sauveur, aboutit au cours Richard ou des Dames, en face duquel se trouve la principale Porte de la ville, la Grosse-Horloge. C'est

La Rade de la Rochelle. (Vue prise en ballon par Montader.)

La Rochelle. — La Porte de la Grosse-Horloge.

une massive tour carrée du XIIIe siècle, percée d'une voûte, flanquée aux angles de tourelles malheureusement agrémentées par des trophées Louis XV, couronnée d'un clocher à lanterne où se voit l'horloge ; au croisement du quai et du cours des Dames s'élève la statue en bronze de l'amiral Duperré.

A l'entrée du havre d'échouage, de plus en plus envasé, où accostent, avec les bateaux de pêche rochelais, les petits paquebots qui vont à l'île d'Oléron, se font face l'une à l'autre : à gauche, la vieille tour Saint-Nicolas, récemment restaurée, percée de meurtrières, surmontée d'une terrasse à mâchicoulis où conduisent des escaliers doubles et d'où l'on découvre la ville et la rade ; à droite, la tour de la Chaîne tout à fait cylindrique, qui, bien que comptant quatre étages, est plus basse que sa voisine. Au XVIe siècle, disent les chroniques, une vaste ogive, largement ouverte comme les jambes du colosse de Rhodes, reliait les deux tours ; une chaîne tendue entre leurs bases barrait à certaines heures l'entrée du port aux navires. La tour de la Chaîne communique par une courtine avec la tour de la Lanterne, ancienne prison ; celle-ci est toujours prolongée

LA ROCHELLE. — La promenade du port et la statue de l'amiral Duperré.

La courtine reliant la Chaîne à la Lanterne.

par une pyramide octogonale, — semblable à celle couronnant autrefois le massif de la tour de la Chaîne, — qui dresse ses arêtes et ses crochets de pierre au-dessus d'un chemin de ronde d'où l'on jouit d'un autre beau panorama.

La plage de la Concurrence.

Allons explorer l'avant-port; il communique par le passage des deux tours avec le bassin d'échouage, et s'étend entre les chantiers de construction de la Ville-en-Bois, voisine du Mail, et le chemin des Minimes agréablement planté de tamaris. Sur cette jetée remontent et descendent, de leur marche incessante et régulière, les haleurs des chaloupes côtières :

La oula ouli oula oula tchalez!
Hardi ! les haleurs, oh! les haleurs, halez !

Aux basses mers reparaît la fameuse digue que Richelieu fit élever pendant le siège de la Rochelle pour isoler les assiégés de la mer; cette digue est formée de deux branches longues de sept cents mètres chacune et séparées pour le passage des navires par un goulet de cent mètres que marque une petite tour, la tour de Richelieu, faisant office de bouée fixe avec sonnerie. Le chenal est, d'ailleurs, peu profond; on ne rentre au port qu'avec le flot; à marée basse, les bateaux,

LA ROCHELLE. — Le chemin de halage de la Pointe des Minimes.

grands et petits, vapeurs et voiliers, dorment tous couchés sur le flanc, lamentablement envasés.

C'est derrière la jetée de la Ville-en-Bois que se développe la côte des bains de mer de la Rochelle; mais il n'y a qu'une plage naturelle accessible à tous : sous les murs de la ville, près de la Porte des Deux-Moulins, la petite grève des établissements de la Concurrence et des bains Louise.

Les établissements des bains du Mail et des bains Richelieu, en face de la digue, ont dû créer des plages artificielles renfermées et creuser, pour rejeter la vase envahissante, des bassins pavés où l'on a, il est vrai, l'avantage de pouvoir se baigner à toute heure. Puisque l'on ne peut se promener librement sur le bord de la mer, on se rejette sur le Mail, vaste pelouse encadrée d'ormes séculaires, et sur le jeune parc Charruyer créé en 1885.

LA ROCHELLE. — Quai de l'avant-port, conduisant à la Ville-en-Bois.

La vieille ville vaut

une longue visite. La rue du Palais qui part de la Porte de la Grosse-Horloge va, prolongée sous le nom de rue Chaudrier et de rue Dauphine, jusqu'à la place d'Armes, à la cathédrale et au Jardin des Plantes ; en suivant cette grande voie et prenant quelques rues adjacentes, nous verrons tous les monuments intéressants de la Rochelle. Les arcades où s'abritent les principaux magasins de la ville nous amènent à la Bourse, à la Poste, puis au Palais de Justice, reconstruit

LA ROCHELLE. — La côte des bains de mer.

en 1789, et dont la façade majestueuse est surmontée d'une frise délicatement sculptée. Sur la place d'Armes, qui occupe une partie de l'emplacement de l'ancien château, se montre une lourde cathédrale bâtie au XVIIIe siècle dans le style grec ; la rue Gargoulleau conduit à la place du Marché où l'on voit une curieuse maison du xve siècle, et au Musée ouvert tous les jours aux touristes; la rue Dupaty nous découvre l'hôtel de ville, le plus remarquable monument de la Rochelle, commencé au xve siècle, terminé au début du xviie et bien restauré en 1879. La cour d'honneur

La Rochelle.

La rue du Palais-de-Justice. Vieille maison sur la place du Marché.

est précédée d'un mur de forteresse à créneaux et mâchicoulis; percé d'une porte en arc et d'une poterne joliment sculptées, il relie le beffroi à une tourelle.

L'Hôtel de ville de la Rochelle.

Pénétrant par la porte ogivale que décorent les armes de la ville, on a devant soi une magnifique façade : tout en haut, à gauche, apparaît une statue de Henri IV, en faïence émaillée, œuvre de Deck, abritée sous un campanile qui couronne un ravissant pavillon Henri II; on y monte par un monumental escalier de pierre. La galerie du rez-de-chaussée, construite sous Henri IV, est fermée par des arcades en plein cintre s'appuyant de deux en deux sur des piliers toscans; le plafond est décoré de riches cartouches aux ornements variés où apparaissent les chiffres de Henri IV et de Marie de Médicis. A la façade, au-dessus de la galerie se déroule une belle frise sur laquelle reposent quatre niches renfermant des statues allégoriques et huit colonnes couronnées d'une corniche avec arabesques; sur le toit se détachent six lucarnes de styles divers.

A L'HOTEL DE VILLE.
La galerie du rez-de-chaussée.

L'hôtel de ville renferme des curiosités : on y admire la Salle des fêtes, la

Le grand escalier
dans la cour d'honneur.

Salle des anciens échevins, et l'on vous montre la légendaire table de marbre qu'ébrécha le poignard du célèbre maire-amiral Jean Guiton, quand il fit le serment de l'enfoncer ainsi dans le cœur du premier citoyen qui parlerait de se rendre.

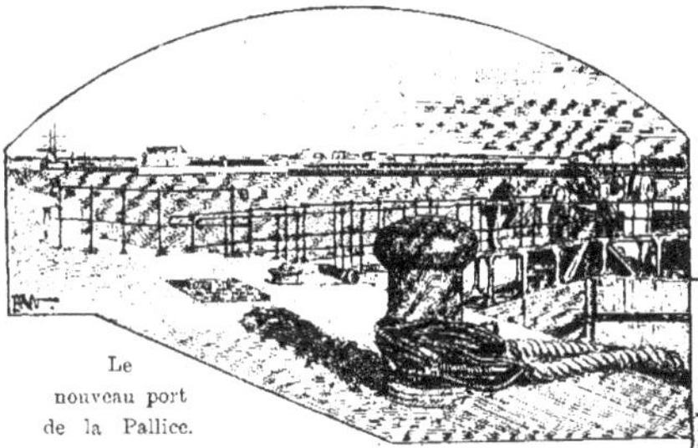

La Pallice. — Si le port de la Rochelle est fermé par les vases qui l'embourbent aux navires de fort tonnage, la Pallice, né d'hier,

Le nouveau port de la Pallice.

Le bassin à flot et l'écluse.

— inauguré en août 1890, — va lui ouvrir, à quatre kilomètres vers l'ouest, un beau port sur l'Océan. Un service de voitures et une petite ligne de chemin de fer y conduisent.

Établi en eau profonde, accessible par tous les temps, l'avant-port, protégé par deux longues

Dans l'avant-port. — Départ pour l'île de Ré.

jetées, communique par une écluse à sas avec un grand bassin à flot muni de deux formes de radoub et qu'entourent de vastes quais sillonnés de voies ferrées.

De là, part un petit vapeur faisant le service de l'île de Ré, qui surnage en face du nouveau port au delà du Pertuis breton, — le détroit conduisant du Sud en Bretagne. Les bateaux effectuant la traversée d'Oléron — nous l'avons dit — ont leur attache dans le port de la Rochelle; on aborde l'île par le petit port de Boyardville, après avoir passé au large de l'île d'Aix, auprès du fort Boyard et en vue de la pointe des Saumonards.

LA ROCHELLE. — La baignade des soldats.

DE LA ROCHELLE A ROYAN ET A BORDEAUX

FOURAS ET L'EMBOUCHURE DE LA CHARENTE. — Sorti de la Rochelle, le train, rapproché de la mer, longe le fond du beau plateau compris entre la pointe de Roux et la pointe du Chay, traverse les salines d'Angoulins, les dunes de *Châtelaillon* d'où l'on pouvait gagner naguère à pied sec la petite île d'Aix; cette station balnéaire est très fréquentée par les habitants de la Rochelle et des environs, — tout le long de la côte alternent les parcs aux huîtres et les bouchots de moules

FOURAS. — Le petit bois de la plage.

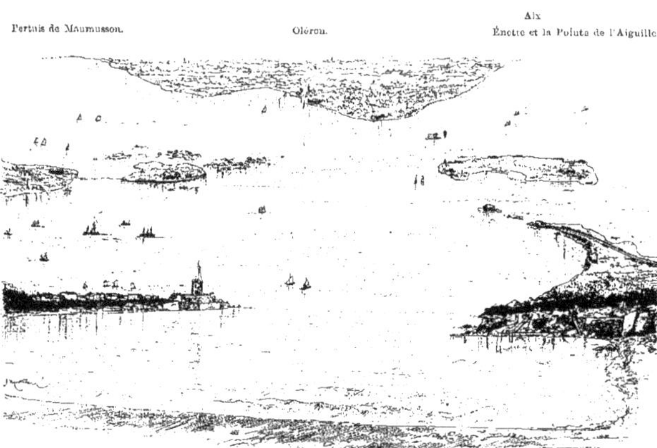

L'EMBOUCHURE DE LA CHARENTE ET LA RADE DE FOURAS.
(Vue prise en ballon par Montader.)

toujours amusants à explorer. Voici l'anse de Fouras, et l'on nous arrête à Saint-Laurent-de-la-Prée où s'accroche la petite ligne maritime. C'est à Fouras que Napoléon s'embarqua en juillet 1815 pour l'île d'Aix, son dernier asile avant d'aller à Sainte-Hélène :

> Promener sur un roc où
> [passent les orages
> Sa pensée, orage éternel.

La grande plage s'étend depuis la pointe de l'Aiguille, que recouvre un beau bois de chênes verts où s'abrite le casino, jusqu'au château fort bâti au XIVe siècle, dont la tour à signaux commande l'estuaire de la Charente. Les deux établissements de bains, voisins du Fort, sont abrités

LA PLAGE DE FOURAS.
Vue prise vers le Bois-Vert et la Pointe de l'Aiguille.

Vue prise vers le Fort et l'embouchure de la Charente.

par un petit bois de tamaris qui descend en pente douce de la route vers la mer. Derrière la pointe de l'Aiguille, sur l'anse même de Fouras, se trouve une seconde petite plage moins fréquentée. Cette pointe ou cap communique à marée basse par une digue naturelle avec l'îlot d'*Enette*, qu'un détroit de deux kilomètres sépare de l'île d'Aix.

De l'extrémité du Bois-Vert on découvre, en un immense panorama, le *Pertuis d'Antioche*, Aix, Oléron, et toute cette partie du continent aujourd'hui couverte par la mer qui va de la Pointe du Cornard, en avant de Châtelaillon, à l'embouchure de la Charente : la tradition rapporte qu'une cité disparue, Antioche, aurait existé sur la côte ouest de l'île de Ré sans cesse en lutte contre les fureurs de l'Océan ; de là viendrait le nom donné au bras de mer qui sépare Ré de ses deux voisines, Aix et Oléron. Sur la rive gauche de l'embouchure de la Charente s'alignent les Palles, écueils plats reliés à *l'île Madame*, rocher fortifié, accessible par la Passe des bœufs.

ROCHEFORT. — Le grand bassin à flot.

Revenus à Saint-Laurent-de-la-Prée, nous descendons, après un trajet de dix minutes, à Rochefort.

Rochefort-sur-Mer. — Tout à l'heure, à Fouras, nous voyions l'Océan et ses îles ; entrés dans le port de Rochefort, nous ne voyons plus la mer : le grand port militaire

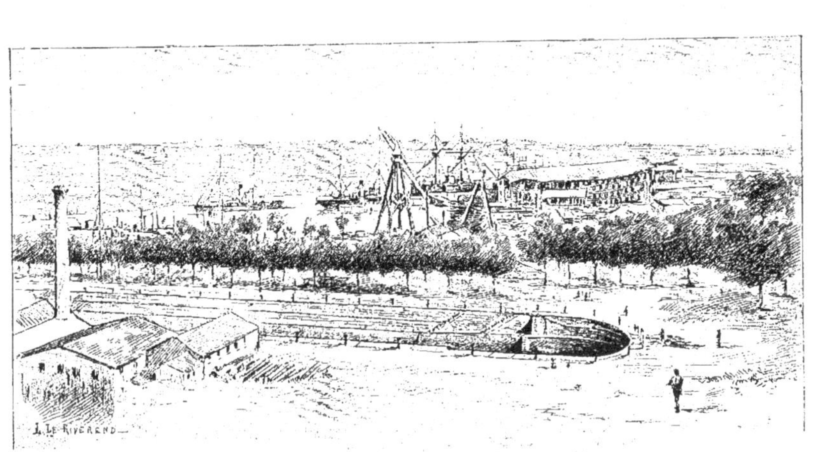

ROCHEFORT-SUR-MER. — VUE D'ENSEMBLE DU PORT MILITAIRE.

est bel et bien situé à quatre lieues de la côte sur la rive droite de la Charente. Le nom de Rochefort-en-Terre conviendrait incontestablement mieux à cette ville murée dans son enceinte que trouent quelques portes ou poternes de forteresse.

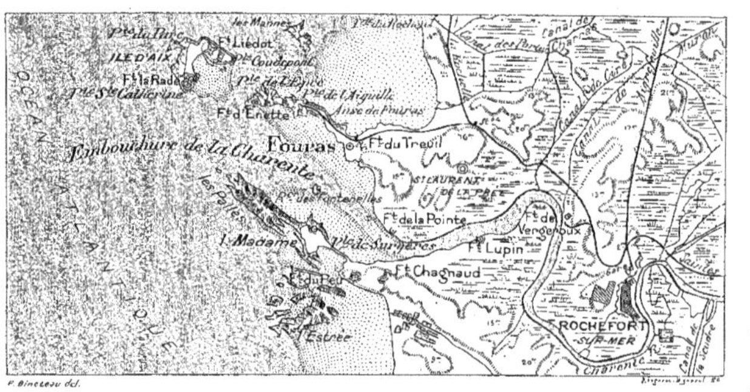

Néanmoins, Rochefort-sur-Mer a des rues larges, une grande place centrale, des quartiers découverts en dehors de l'enceinte, et son port dont le mouillage est profond a de plus l'avantage d'être défendu dans la rade de la Charente, une des plus sûres des côtes de France, non seulement par les bancs et la barre même du fleuve, mais aussi par les forts d'Aix, d'Enette, de l'île Madame et du rocher Boyard dépendant de l'île d'Oléron.

Le plus remarquable édifice de Rochefort est l'hôpital de la marine, dans le voisinage de la gare, faisant face au cours d'Ablois, large promenade extérieure à la ville fortifiée et qui descend entre la vieille cité et son nouveau faubourg jusqu'au cours Roy-Bry et au champ de foire. Construit à la fin du XVIIIe siècle, il

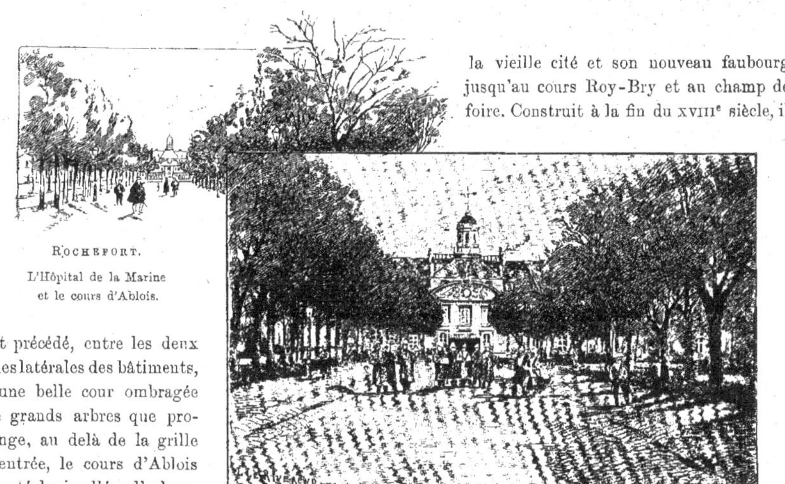

ROCHEFORT.
L'Hôpital de la Marine et le cours d'Ablois.

est précédé, entre les deux ailes latérales des bâtiments, d'une belle cour ombragée de grands arbres que prolonge, au delà de la grille d'entrée, le cours d'Ablois planté de six allées d'arbres.

Sur la place Colbert, où se trouve l'hôtel de ville, et qui est sensiblement au centre de la ville-

ROCHEFORT. — La vieille porte de la Rochelle.

forteresse, on peut contempler l'Océan... mariant ses flots tumultueux aux eaux timides de la Charente dans le groupe qui décore une fontaine municipale. De la place on gagne les Jardins public et botanique, qui égayent de leur verdure les bassins de radoub du port de guerre et l'entrée du port de commerce. On peut visiter, avec l'autorisation de la Majorité, l'arsenal qui occupe en temps ordinaire de 5,000 à 6,000 ouvriers, les cales et les bassins ouverts aux grands vaisseaux à construire ou à réparer : la principale industrie de Rochefort-sur-Mer.

Le port de commerce fait remonter par Saintes jusqu'à Angoulême les produits de la côte, les moules et les huîtres des bouchots et des parcs environnants; les communications maritimes avec l'intérieur sont très actives.

EXCURSION A L'ILE D'OLÉRON, PAR MARENNES ET LE CHAPUS

Oléron est l'île la plus étendue, sinon la plus peuplée, — l'île de Ré l'emportant sous ce rapport sur toutes les autres, — du groupe insulaire en vue duquel nous nous promenons sur les côtes de l'Océan. Explorer ces îles, voilà qui est tentant! Bien que nous nous proposions de naviguer bientôt de l'une à l'autre sur tout le littoral français, nous cédons aujourd'hui à cet appel répété qui nous vient du large : Oléron aura notre visite. Nous irons par Marennes et le passage du Chapus.

A sept kilomètres de Rochefort, voici *Tonnay-Charente* activement en commerce avec le vieux port; du wagon nous découvrons sa vieille église sans clocher, le pont en fils de fer que deux culées en pierre rattachent aux rives de la Charente et qui est assez élevé au-dessus des grandes eaux pour permettre aux voiliers marchands de

A Tonnay-Charente.
Le pont suspendu.

passer sans baisser la tête. Arrêt à Cabariot, d'où se détache la ligne de Marennes que nous prenons : d'immenses marécages sillonnés de canaux nous amènent bientôt dans la capitale du royaume des huîtres, qu'un chenal relie à l'embouchure de la Seudre à travers des *champs* de mollusques verts ou en train de verdir pour la joie des gourmets.

Le clocher de Marennes
vu de la ligne du chemin de fer.

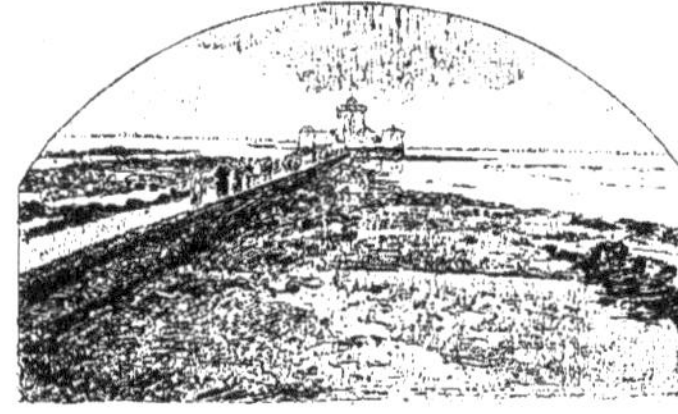

Le passage du Chapus à marée basse.

A notre droite, et tout près de nous, se montre le clocher de Marennes dont on reconnaît la haute stature de tous les pays d'alentour ; le chenal franchi, nous roulons vers la Pointe du Chapus ; à notre gauche se découvre la baie de la Seudre que domine la tour d'Arvert, là-bas sur la côte, à l'entrée du redoutable *Pertuis de Maumusson*

Les bancs d'huîtres au Chapus.

étranglé entre le bord sud de l'île d'Oléron et les dunes du littoral.

C'est au passage du Chapus que l'on prend le petit vapeur qui file sur Oléron ; aux

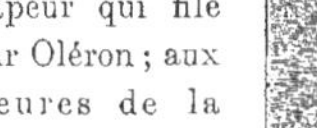

heures de la haute mer on embarque à la Pointe même, évitant alors l'ancien fort situé à 500 mètres environ au large, où il forme

L'hosannaire de Moëze, près de Rochefort [1].

1. Si l'on va de Rochefort à Marennes par Brouage, que dessert un service de voitures, on passe par *Moëze,* où se voit un monument qui vaut bien que l'on s'y arrête, puisqu'il est « unique » en France : c'est un hosannaire de la Renaissance élevé dans le cimetière et dont nous donnons la représentation puisée dans le bel ouvrage de M. Palustre, illustré par Sadoux, *la Renaissance en France* (Maison Quantin, édit.).

un îlot rocheux isolé; à mer basse, au contraire, le vieux fort devient hospitalier et c'est à l'abri même des rochers sur lesquels il repose que les passagers pour Oléron viennent maintenant s'embarquer : une chaussée praticable se découvre, qui le rattache à la Pointe du Chapus à travers des bancs d'huîtres.

Dans le chenal à marée basse.

CHATEAU-D'OLÉRON. — La darse des pêcheurs.

Oléron — comme les autres îles de cette côte — est un dernier fragment arraché au continent par les fureurs de la mer; aussi tout le rivage vers lequel nous nous dirigeons est-il semé d'écueils et de rochers.

En 1843, Victor Hugo en voyage nous a laissé le tableau suivant de cette petite traversée : « A la Pointe, on vous embarque dans un de ces bacs chanceux que les gens du pays appellent des *risque-*

tout. Cela a trois matelots, quatre avirons, deux mâts et deux voiles dont l'une se nomme le taille-vent. Vous avez deux lieues de mer à faire sur cette planche. Les marins qui chargent le bateau commencent par mettre en sûreté dans le meilleur compartiment les bœufs, les chevaux, les charrettes; puis on case les bagages; puis dans les espaces qui restent, entre les cornes d'un bœuf et les roues d'un chariot, on insère les voyageurs. » Notre petit paquebot est plus aimablement aménagé aujourd'hui.

Après avoir suivi le chenal creusé entre les vastes bancs de viviers et de claires que recouvre, comme une troupe de mouettes, une fourmilière de femmes coiffées de « quichenottes ou kissnotts » blanches, nous entrons dans le port du Château-d'Oléron, ainsi appelé d'un ancien château fort disparu : la citadelle dont le phare domine la darse des pêcheurs est séparée de la ville par une large esplanade plantée d'arbres.

ILE D'OLÉRON. — La region des salines.

De la ville du Château on rayonne sur toute l'île : on se rend à la tour de Chassiron, qui termine Oléron au nord-ouest et dont le feu éclaire le Pertuis d'Antioche, en pas-

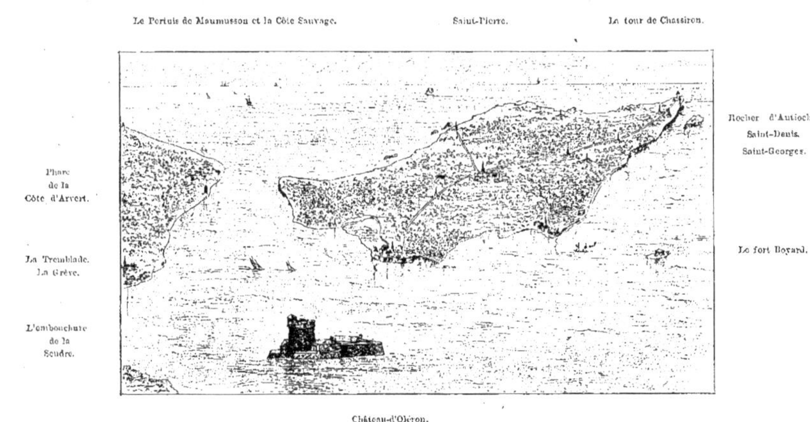

L'ILE D'OLÉRON. (Vue prise en ballon par Montader.)

sant par Saint-Pierre, point central de l'île, Saint-Georges et Saint-Denis, bourgs pittoresques agrémentés de plages. A l'autre extrémité de l'île, on aborde le fameux Pertuis de Maumusson après avoir traversé la région des salines, le village de Saint-Trojan et sa belle forêt de pins plantée sur les dunes qui jadis, sous la poussée des vents furieux, engloutirent l'ancien bourg. Chemin faisant, on rencontre de bonnes vieilles portant par un prodige d'équilibre sur leur faible tête déjà chargée d'ans une coiffe démesurément ouverte en éventail qu'enfle le vent, comme une voile de yacht.

A L'ILE D'OLÉRON.

Sur la route de Saint-Trojan.

Au-dessus des grands arbres de la forêt de Saint-Trojan, d'un belvédère improvisé on découvre l'île entière, qui compte sept lieues de long sur une largeur variant d'une à deux lieues : à l'est et au sud, de vastes forêts ; plus près, les cônes de sel gris ou blanc qui bordent les marais ; au delà du Château, les bancs rocheux d'huîtres vus à l'arrivée ; un peu partout, des moulins à vent qui tournent lourdement ; à l'ouest, la côte sauvage rongée par la vague, ensevelie par les sables, le fléau de cette île aux terres basses sans protection contre le souffle de mer qui ne s'apaise jamais, « contre ces sphinx de l'abîme dont les ailes démesurées ont besoin du recul indéfini des solitudes ». C'est le côté faible d'Oléron, par où la mort viendra : il suffit de s'y promener à l'heure du flux, quand les vents du large volent en troupe sur la grève, pour sentir profondément sous les menaces du flot montant que l'Océan déchaîné ne fera pas grâce. Et que faire contre l'élément imprenable, insaisissable? « Le souffle se fait massue, puis redevient souffle. »

ILE D'OLÉRON. — La rentrée des parqueuses d'huîtres.

Le port et la citadelle du Château-d'Oléron vus en quittant l'île.

TAILLEBOURG, SAINTES ET PONS

De la halte de Cabariot où nous sommes revenus, nous nous rendons à Saintes après un arrêt à Taillebourg, dont la victoire de saint Louis a transmis le nom à la postérité.

Ici, la ligne du littoral se soude à la grande ligne de Paris, Saumur, Niort et Bordeaux.

Taillebourg, petite ville située sur le penchant d'une colline que baigne la Charente, est dominée par une forteresse autrefois réputée imprenable, aujourd'hui ruinée, qui garde, comme un témoin de sa grandeur déchue, une vieille tour à créneaux ombragée de grands arbres.

Le train court entre des parois rocheuses quelquefois creusées en grottes, qui s'écartent pour nous laisser voir les sites gra- cieux des bords de la Charente ; nous sommes à SAINTES.

« Santones » était à oités les plus florissantes

L'ancienne métropole des l'époque gallo-romaine une des d'Aquitaine ; saint Entrope, envoyé par saint Pierre dans les Gaules, y prêcha le christianisme : la bonne ville conserve précieusement le souvenir de ce passé dans des arènes qui remontent aux siècles primitifs de l'ère chrétienne, dans l'église Saint-Entrope consacrée au premier évêque et aussi dans les riches collections de son musée archéologique. Saintes est entouré des faubourgs des Dames, Saint-Vivien, Saint-Macoult et Saint-Entrope. La gare se trouve à l'entrée du faubourg des Dames que borde la rive droite de la Charente ; on admire dans ce quartier

La vieille tour.

TAILLEBOURG. — Les bords de la Charente.

l'ancienne église Notre-Dame, de style roman-poitevin du XIIe siècle, ayant appartenu à l'Abbaye

A SAINTES. — L'arc de Germanicus.

Le pont de pierre.

des Dames et transformée aujourd'hui en caserne.

Du faubourg un pont de pierre reliant le cours Gambetta au cours National nous conduit dans la ville qui étage coquettement ses maisons au-dessus de la rive gauche de la Charente. Sur un pont, détruit, s'élevait jadis le curieux arc de triomphe de Germanicus, que l'on

La passerelle et le clocher de la cathédrale.

voit maintenant sur la rive droite du fleuve où il a été transporté pierre à pierre. Montant le cours National qui traverse la ville et où l'on rencontre le théâtre et le palais de justice, de style grec, on arrive par le cours Reverseaux dans un étroit vallon du faubourg Saint-Macoult où subsistent les

SAINTES. — Les arènes et la flèche de Saint-Eutrope.

ruines de l'amphithéâtre romain, les Arènes de Saintes, au milieu desquelles poussent de gigantesques peupliers. Au sommet du coteau voisin, au-dessus des clochetons de sa tour, la flèche de Saint-Eutrope pique le ciel.

L'église haute, actuelle, remonte au XIe siècle, ainsi que la magnifique crypte sur laquelle elle repose ; derrière l'autel de l'église basse a été placé en 1843 le sarcophage d'EVTROPIVS. Autrefois les rois, pieux pèlerins parmi lesquels figure Louis XI, Monsieur Louis de France, confit en dévotion, entretenaient sur le tombeau de cet apôtre de la Saintonge une lampe perpétuellement allumée... aujourd'hui éteinte.

PONS. — L'esplanade du château.

Les bords de la Sengue.

La cathédrale Saint-Pierre, qui possède un beau portail

ogival dont les sculptures ont été malheureusement mutilées, montre sa haute tour couronnée d'une calotte de plomb au-dessus du quai Reverseaux, agréable promenade plantée d'arbres, d'où une passerelle en bois conduit au champ de courses.

A six lieues de Saintes, nous nous arrêtons à PONS après avoir côtoyé la Seugne. Quel délicieux paysage! Sur la colline où la ville est bâtie, couronnant des falaises taillées à pic, s'élève hardiment l'ancien château, l'hôtel de ville actuel;

PONS. — L'escalier des remparts.

PONS. — Le donjon.

PONS. — Le portail de l'ancienne chapelle du château.

un superbe donjon du XIIe siècle, percé de hautes ouvertures en plein cintre, soutenu par de solides contreforts, domine les remparts habillés de lierre où monte un majestueux escalier de pierre largement taillé dans le roc. Tout à côté s'ouvre — au delà

La montée de la ville haute.

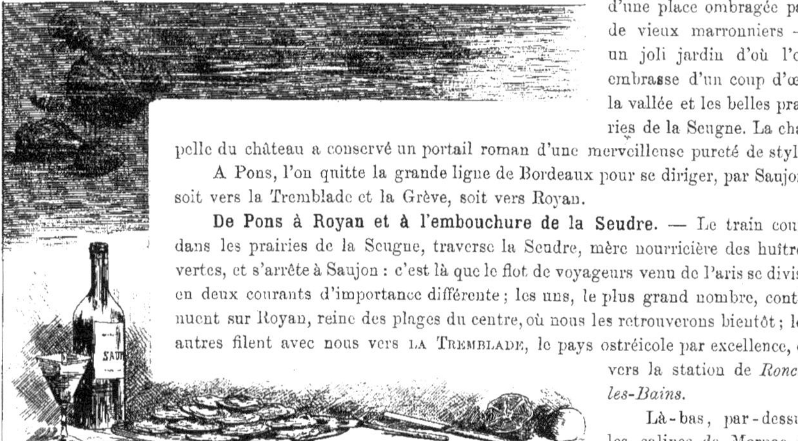

d'une place ombragée par de vieux marronniers — un joli jardin d'où l'on embrasse d'un coup d'œil la vallée et les belles prairies de la Seugne. La chapelle du château a conservé un portail roman d'une merveilleuse pureté de style.

A Pons, l'on quitte la grande ligne de Bordeaux pour se diriger, par Saujon, soit vers la Tremblade et la Grève, soit vers Royan.

De Pons à Royan et à l'embouchure de la Seudre. — Le train court dans les prairies de la Seugne, traverse la Seudre, mère nourricière des huîtres vertes, et s'arrête à Saujon : c'est là que le flot de voyageurs venu de Paris se divise en deux courants d'importance différente ; les uns, le plus grand nombre, continuent sur Royan, reine des plages du centre, où nous les retrouverons bientôt ; les autres filent avec nous vers LA TREMBLADE, le pays ostréicole par excellence, et vers la station de *Ronce-les-Bains*.

Là-bas, par-dessus les salines de Mornac et de Chaillevette, de l'autre côté de la Seudre nous regarde le haut clocher de Marennes. La Tremblade est située entre le pays d'Arvert et la rive gauche de l'embouchure de la Seudre; les dunes y atteignent la hauteur des tours de Notre-Dame et ont ensablé plus d'un village de la région : les montagnes « marchent », suivant le dicton local, sur toute cette côte battue par l'Océan. Elles marchaient surtout autrefois, car aujourd'hui des plantations de pins maritimes ont converti dunes et landes en collines boisées protégeant de leur sombre verdure ce que les sables engloutissaient jadis. Les alluvions de la Gironde se font mieux sentir au bassin de la Seudre où de nombreux étiers se ramifiant à la rivière amènent le flot de marée dans les viviers et les parcs.

Les prairies de la Seugne.

Nous voici dans le pays des mollusques bien élevés, ou, si l'on préfère, bien cultivés, — d'autres disent « perfectionnés ». — Quoi qu'il en soit, ce n'est point faire preuve de mauvais goût que d'aimer l'*huître verte :* ne sont, d'ailleurs, reçues dans les claires de la Seudre que les jeunes huîtres qui, après un premier examen, ont montré des dispositions à se laisser éduquer. On les appelle uniformément *marennes,* du nom de la contrée où elles passent leurs trois années de captivité, mais elles sont tout aussi bien originaires d'Arcachon, de la Vendée, de la Bretagne et de la Normandie où les éleveurs achètent les huîtres blanches pour les *cueillir,* engraissées, quand elles ont pris la couleur verte qui les recommande aux palais délicats. La cause de leur viridité, dit M. Armand Landrin, est due à une maladie de foie qu'engendre le séjour de la baie de la Seudre. Avis aux amateurs.

Il n'en reste pas moins vrai que l'huître est le plus digestible des aliments : Brillat-Savarin cite l'exemple d'un de ses amis qui en mangeait trente douzaines pour se mettre en appétit avant un copieux repas ; mais il faut, ajoute-t-il, que « l'ouvreuse » soit habile et aille vite en besogne.

De la Tremblade, le chemin de fer conduit à *la Grève,* petit port sur la Seudre, d'où un bac à vapeur vous traverse au hameau de la Cayenne en correspondance avec Marennes ; des voitures publiques desservent la belle plage de *Ronce-les-Bains,* dont les villas se cachent sous les pins de l'immense forêt de la Coubre. De là, nous revoyons la pointe sud de l'île d'Oléron, et plus loin Saint-Trojan ; le vent du large nous y apporte le grognement de Maumusson :

Ma plaine est la grande plaine ;
Mon souffle est la grande baleine ;
Je suis terreur ;

J'ai tous les vents de la terre
Pour passants, et le mystère
Pour laboureur.

Le poète de la *Légende des siècles* nous raconte, dans ses « Lettres de voyage », ce qu'est le passage redouté, qui a si mauvaise réputation dans le pays :

> Le pertuis de Maumusson est un des nombrils de la mer. Les eaux de la Seudre, les eaux de la Gironde, les grands courants de l'Océan, les petits courants de l'extrémité méridionale de l'île d'Oléron pèsent là à la fois de quatre points différents sur les sables mouvants que la mer a entassés sur la côte et font de cette masse un tourbillon. Ce n'est pas un gouffre, la mer paraît plane et unie à la surface, à peine y distingue-t-on une flexion légère; mais on entend sous cette eau tranquille un bruit formidable. Tout gros navire qui touche le pertuis est perdu. Il s'arrête court, puis il s'enfonce lentement, s'enfonce toujours et décroît de hauteur peu à peu. Bientôt on ne voit plus les sabords, puis le pont plonge sous la vague, puis les vergues et les huniers, on ne distingue plus que la pointe du mât, puis une petite ride se fait dans la mer, tout a disparu. Rien ne peut arrêter dans son mouvement lent et terrible la redoutable spirale qui a saisi le navire.

L'ancien pont de Cubzac.

La promenade de la côte d'Arvert nous invite une fois de plus à gagner Royan ; mais nous irons de Bordeaux par la Garonne devenue Gironde, limite de notre voyage. A proximité de la grande ville aux riches monuments, aux quais superbes, nous ne pouvons résister au désir d'aller la voir — ou la revoir — elle, si vivante et si gaie, si attrayante, en un mot.

De Pons à Bordeaux. — Revenus par Saujon à Pons, à travers de belles prairies peuplées de moutons, voici que défilent : Jonzac, qui possède un imposant château du XIVe siècle ; le pittoresque bourg de Montendre ; Saint-Mariens, où s'embranche la petite ligne de Blaye dont nous verrons la citadelle en descendant la Gironde; les magnifiques et immenses vignobles qui environnent Saint-André-de-Cubzac; *Cubzac-les-Ponts,* où nous franchissons la Dordogne sur un pont célèbre d'où l'on découvre, parallèle à celui du chemin de fer, l'autre beau pont de la route; Lormont, — le Saint-Cloud des Bordelais — que précèdent et suivent plusieurs tunnels: Bordeaux-Benauge, et nous entrons à BORDEAUX[1] en traversant la large Garonne sur le pont tubulaire de la gare Saint-Jean, ou du Midi, point terminus du réseau de l'État.

Les nouveaux ponts de Cubzac sur la Dordogne.

1. Pour la description détaillée de cette ville, voir *Vingt Jours sur les Côtes de l'Océan, de la Gironde aux Pyrénées.*

LA GIRONDE

Ainsi que nous avons descendu la Loire de Nantes à Saint-Nazaire, nous irons aujourd'hui — en suivant le cours de la Garonne devenue Gironde — de Bordeaux à la mer. Nous débarquerons à ROYAN, qui trône superbement en regard de l'Atlantique ; ce sera le « bouquet » de notre voyage de vingt jours.

Il y a vingt-cinq lieues de Bordeaux à l'Océan ; à six lieues de la grande ville, au bec d'Ambez, la Garonne se réunit à la Dordogne pour former la Gironde. Embarqués au Ponton des Quinconces sur l'un des bateaux Gironde ou Garonne qui vont à la mer, nous voyons se dérouler les larges quais mouvementés des

BORDEAUX. — Au ponton des Quinconces : Embarcadère pour Royan.

Chartrons et de Bacalan ; laissant à gauche le Bassin à flot de Bordeaux, tout de suite apparaissent à droite les jolis coteaux de *Lormont*.

Bordée de plaines basses, la Garonne reçoit la Jalle de Ludon où commencent les crus renommés du Médoc. Voici le *bec d'Ambez*, langue de terre qui sépare pour quelques instants encore la jaunâtre Garonne de la limpide Dordogne : *Bourg-sur-Gironde* pourrait s'appeler Bourg-sur-Confluent. Nous sommes entrés en Gironde, et ses eaux troubles, mais majestueuses en dépit de leur couleur d'ocre pâle, vont nous porter jusqu'à la mer ; cette vase girondine que l'on drague sans répit, cette masse boueuse, mise en mouvement à chaque marée, s'achemine vers le large et, entraînée sous la surface verte de l'Océan dans les pertuis que nous avons vus, elle s'en va définitivement « remblayer » les marais de la Saintonge.

Les coteaux de Lormont.

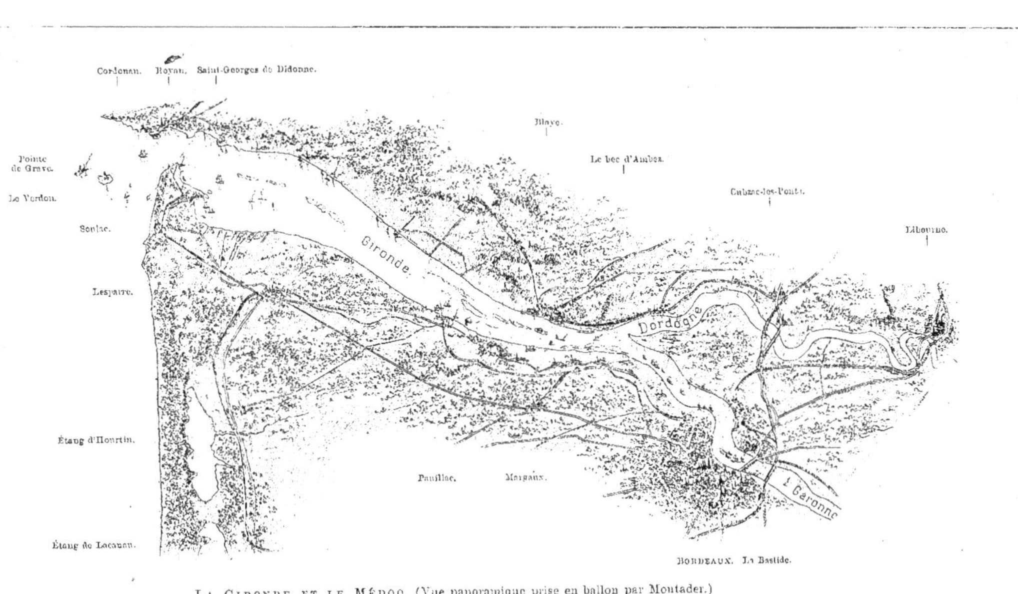

La Gironde et le Médoc. (Vue panoramique prise en ballon par Montader.)

Entre les longues îles Cazeau et du Nord qui nous cachent le capiteux Médoc et rétrécissent le lit du fleuve, nous apercevons, une minute, le domaine de *Château-Margaux,* dont le nom fait venir... le vin à la bouche. Taillés dans le flanc des rochers de la rive droite, apparaissent les pittoresques carrières et les chantiers de *la Roque.* Le fort

Devant le bec d'Ambez.

La Roque et ses chantiers.

Médoc, sur la rive gauche, et le fort Pâté, qui s'élève comme une « pièce montée » en avant du bateau, nous annoncent *Blaye* dont on découvre la fameuse citadelle riveraine.

La citadelle de Blaye.

Passant en vue du clocher de *Saint-Julien* et de l'important vignoble de *Château-Latour,* nous stoppons à l'appontement de Pauillac, dont la rade est ouverte aux navires qui ne peuvent remonter jusqu'à Bordeaux.

Arrivée à l'appontement de Pauillac.

En face, l'île Patiras partage en deux bras la vaste plaine liquide, large en cet endroit de cinq kilomètres. *Château-Laffitte, Saint-Estèphe,* le clocher de *Cadourne* seront les derniers points du Médoc que nous découvrirons désormais, les rives de la Gironde, de plus en plus éloignées, ne nous permettant pas d'en voir davantage : aussi bien, là s'arrête le Haut-Médoc aux crus de renom ; le Bas-Médoc finit en queue de dunes et de marais à sec.

Nous nous rapprochons des petits coteaux de droite, évitant sur la gauche le banc de la Goulée. Le port de *Mortagne,* auquel succèdent de nombreuses et minuscules criques couronnées de moulins à vent ; la pointe escarpée des Meschers ; la chapelle de Talmont nous amènent en vue de la mer. Le vent s'élève, la brise nous fouette le visage, nous naviguons dans le plus vaste estuaire des côtes de France.

En descendant le fleuve.

—

Un embarquement en Gironde.

Au loin, vers la gauche, semblant émerger de la terre

du *Verdon*, se dresse Cordouan cependant bien au large, sur un rocher. Peu à peu, à mesure que nous avançons, il s'éloigne de la *Pointe de Grave;* voici à droite la plage de Saint-Georges-de-Didonne, puis se dessinent très visibles, devant nous, les blanches maisons du quai de Royan.

Le terrible naufrage du 21 février 1893, dans lequel ont péri dix-neuf pêcheurs royannais laissant dans la misère onze veuves et vingt-huit orphelins, nous remet en mémoire les pages dramatiques que Michelet écrivait, de ce même Saint-Georges-de-Didonne, sur le redoutable passage que surveille là-bas l'œil vigilant de Cordouan : « ... Doublée de Tarn et de Dordogne, poussée de ses violents frères les torrents des Pyrénées, elle vient, cette aimable et souveraine Gironde, s'offrir à son époux gigantesque, le vieil Océan. Mais nulle part il n'est plus dur, plus rébarbatif. La triste barrière des boues de Charente, puis la longue ligne des sables qui l'arrêtent cinquante lieues, le mettent de mauvaise

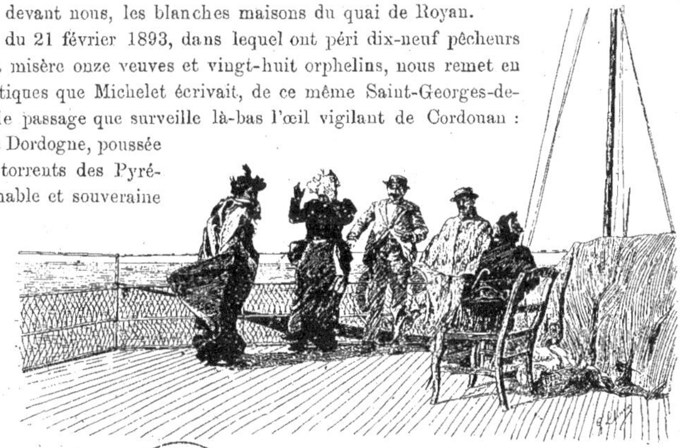

Naviguant dans l'estuaire de la Gironde, en vue de la pleine mer.

humeur. Quand il n'amoncelle pas sa fureur contre Bayonne et Saint-Jean-de-Luz, il bat la pauvre Gironde. Elle ne sort pas, comme la Seine, abritée de plusieurs côtés. Elle tombe tout droit en face de l'Océan illimité. Le plus souvent il la rembarre. Elle recule ; elle se jette à droite, à gauche. Elle se cache et dans les marais de Saintonge, et jusque sous les vignes du Médoc... »

Après un léger tangage, nous entrons au port.

ROYAN

Tout le monde connaît les « royans »... d'Arcachon : c'est ainsi que les Bordelais dénomment l'excellente sardine. Qu'elle soit de Royan, ou bien d'Arcachon, il n'en reste pas moins vrai que Royan est une des « premières villes de France », au point de vue balnéaire, s'entend.

La terrasse du quai. PORT DE ROYAN. Débarcadère des bateaux de Bordeaux.

L'origine de Royan se perd dans la nuit des temps ; c'est près de là — dit M. Victor Billaud, qui a consacré à l'histoire de son pays une étude très détaillée[1] — qu'un ancien préfet... du IVe siècle, le poète Decius Magnus Ausone, aurait eu sa villa où il se livrait à la culture des lettres. Toujours est-il qu'il y a un siècle Royan ne comptait pas 1,000 habitants et qu'aujourd'hui la vogue — aussi rapide que méritée — de ses bains de mer y amène chaque année plus de 100,000 baigneurs ! « La capitale mondaine de l'Atlantique », ainsi

Le casino et la conche de Foncillon.

ROYAN. — Le fort.

1. *Guide de Royan*, illustré de 242 gravures locales, 4 francs.

que la présente son historien contemporain, regarde le Midi et ambitionne déjà de gros chiffres.

Ses *conches* nombreuses — qu'ailleurs on appelle simplement criques, anses, baies ou plages — tantôt largement ouvertes, tantôt encaissées entre des rochers escarpés, ne sont pas éloignées de frais ombrages, et, depuis le bois de chênes de Pontaillac jusqu'à la forêt de pins de Vallières, il y a encore plus d'une promenade à faire à l'ombre des grands arbres. Un quai en terrasse, peuplé de belles maisons, « point magnétique de la station »,

La conche du Chay.

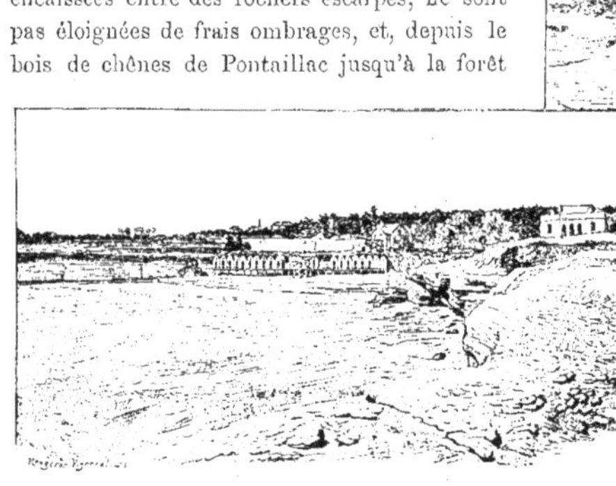

La conche du Grand-Robinson et le Pigeonnier.

regarde le port et l'estuaire de la Gironde, « ce boulevard des Italiens de l'Océan » ; le casino, de style Renaissance, luxueux et monumental, pourrait porter le nom exotique de Kursaal, tout aussi bien que celui d'Ostende.

La Grande-Conche développe son immense croissant entre les falaises de Vallières et le Port ; elle est bordée par le boulevard Frédéric-Garnier au delà duquel s'étend le Parc de Royan, qui n'a pas plus de deux kilomètres de long, mais possède — bien que récemment tracé, en 1885, dans une forêt domaniale abandonnée par l'État — plus d'une attraction tout à fait originale. On y trouve, comme au Désert, une oasis plantée entre l'avenue des Fées et l'avenue de l'Oasis ; un Jardin Public ouvert au public payant ; une Perspective de l'Atlantique à l'instar de la Perspective Newski de Saint-Pétersbourg ; un Otrada, nom également russe signifiant : lieu de délices, en attendant celles que l'on goûtera dans la ville d'hiver en formation.

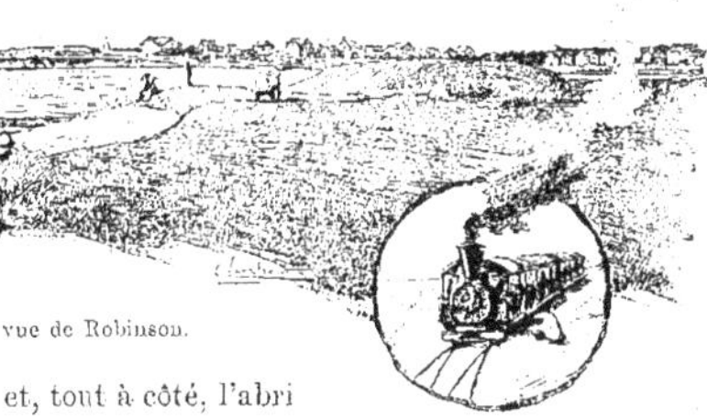

La conche de Pontaillac, vue de Robinson.

Le petit Decauville.

C'est à la Grande-Conche, voisine, que donnent la préférence les baigneurs recherchant à la fois les caresses de l'Océan sans limite et, tout à côté, l'abri salutaire des pins maritimes. La conche de Foncillon, dominée majestueusement par le casino ; au delà du Fort, la conche du Chay que signalent un phare monumental et une tour blanche et noire ; les conches du Pigeonnier et du Grand-Robinson bordées de rochers pittoresques — toutes offrant par leurs configurations et leurs expositions différentes des abris aussi aimables que variés, pouvant satisfaire tous les goûts, — nous conduisent à la conche de Pontaillac, très étendue, la plus fréquentée. On se rend à Pontaillac comme, à Paris, l'on va « au Bois », et le retour de ce lieu privilégié offre un spectacle rappelant « la rentrée de Longchamp » !

Mais là ne finissent point les conches à explorer, et celles que l'on rencontre au delà de Pontaillac ne sont pas les moins pittoresques. Ce sont : la conche du Gilet, le rendez-vous des amateurs d'huîtres et de crevettes, la conche de Vaux, la conche du Bureau, délicieusement ombragée, la conche de Nauzan ou des Deux-Amies : on pourrait poursuivre jusqu'à la *Grande-Côte* si l'on ne savait se borner.

Un petit Decauville, le même qui eut tant de succès à l'Exposition universelle de 1889, « toujours fleuri d'une foule joyeuse », grimpe sur les falaises, court sur les rampes et remblais qui bordent la mer, sous les arbres du quai, passe au pied de la statue d'Eugène Pelletan, né à Royan, suit les boulevards, le champ de foire et, traversant le Parc, dessert la gare de l'État et le Jardin Public, pour s'arrêter, à une lieue de Royan, à SAINT-GEORGES-DE-DIDONNE.

C'est dans ce charmant village, où aujourd'hui se construisent sans relâche chalets et villas, que Michelet vint se recueillir pour composer son admirable livre de *la Mer;* Eugène Pelletan y avait, dans les dernières années de sa vie, une paisible retraite.

Ce petit port de pêcheurs est aussi une station de pilotes pour l'estuaire de la Gironde. « Ce lieu de danger n'est point triste. Chaque matin de ma fenêtre, dit Michelet, je voyais en face les voiles blanches, légèrement rosées de l'aurore, d'une foule de vaisseaux de commerce qui attendent le vent pour sortir. La Gironde, à cet endroit, n'a pas moins de trois lieues de large. Avec la solennité des grandes rivières d'Amérique, elle a la gaieté de Bordeaux. Royan est un lieu de plaisir où l'on vient de tous les pays de Gascogne. »

Au delà de Saint-Georges-de-Didonne on visite le fort de *Suzac,* les grottes de *Meschers,* l'église romane de *Talmont*... ravissantes excursions à faire de la non moins ravissante station de Royan.

ROYAN. — La promenade du port.

DE ROYAN A PARIS

Mais il est temps de s'arracher aux délices captivantes de cette Capone moderne et de rentrer à Paris se réconforter dans son labeur quotidien. La belle ligne de l'État, que nous allons suivre dans toute sa longueur, sera pour nous le dernier plaisir de cet agréable voyage.

Saujon, Pons, Saintes, Taillebourg précédemment vus nous placent sur la grande voie ferrée de Paris qui s'écarte, à partir de cette dernière ville, de la ligne de Nantes à Bordeaux suivie à l'arrivée.

NIORT. — L'ancien hôtel de ville.

Nous fuyons à toute vapeur la vallée de la Charente; la Boutonne franchie, voici *Saint-Jean-d'Angély* qui y possède un petit port. Bientôt NIORT nous arrête au passage : la vieille ville qu'arrose la Sèvre-Niortaise offre à la curiosité du touriste son donjon du XIIe siècle, l'église Notre-Dame, rebâtie au XVe siècle, surmontée d'une hardie flèche en pierre, et un ancien hôtel de ville fortifié, qui, depuis sa récente restauration, a été ouvert au curieux musée d'antiquités de la ville.

« Cet édifice, dit M. Léon Palustre, présente une physionomie toute particulière, qui ne permet pas de le rapprocher d'aucun autre du même temps. Vu l'irrégularité du terrain et la nécessité de placer la façade du côté le plus étroit, l'architecte a été amené à renforcer ses angles par deux contreforts cylindriques plutôt que par deux véritables tours. Ce qui, néanmoins, a entraîné comme conséquence une couronne ininterrompue de mâchicoulis. On avait ainsi, à la base du toit, non à proprement parler un chemin de ronde, mais un agréable promenoir [1]. »

Traversant le pays de Gâtine, nous arrivons à son ancienne capitale, *Parthenay*, pittoresquement située sur un promontoire qui domine le Thouet; un hardi viaduc élevé de trente-huit mètres au-dessus de cette rivière nous amène en vue de *Thouars*, dont l'aspect, quand on quitte la gare, est des plus séduisants.

Niort vu des bords de la Sèvre-Niortaise.

1. *La Renaissance en France.*

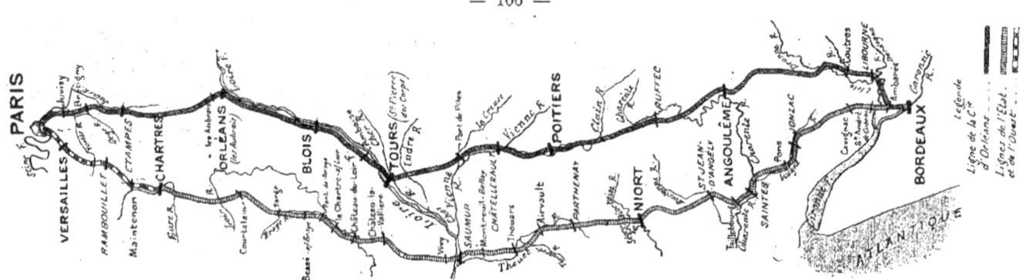

Itinéraire de Bordeaux à Paris. — Par la ligne de l'État et par la ligne d'Orléans.

Quarante kilomètres plus loin, traversant la Loire, Saumur nous apparaît en un charmant tableau. La ville possède un faubourg formant île entre deux bras du fleuve et s'étend sur les coteaux de la rive gauche; son ancien château fort, converti en arsenal interdit au public, est décapité de plusieurs de ses tours : il a quand même gardé grande allure et domine superbement la campagne d'alentour. Saumur possède une École de cavalerie destinée à former des officiers et sous-officiers instructeurs.

A une douzaine de lieues de cette cité angevine, nous pénétrons en Touraine par le coquet village, au clocher blanc, de *Château-la-Vallière,* qui garde le souvenir de la célèbre maîtresse de Louis XIV; un peu plus loin, à *Château-du-Loir,* nous sommes déjà dans la Sarthe, à mi-route entre Tours et

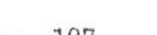

le Mans : tout près de la voie se montrent, sur le bord des routes, de curieuses caves creusées dans les coteaux rocheux, couronnées de vignes qui mûrissent et de cheminées qui fument.

On côtoie le Loir, charmante rivière, et, après avoir coupé Ruillé-Poncé en deux, l'on arrive à *Pont-de-Braye,* station d'embranchement sur Blois par Vendôme. De la fraîche vallée du Loir on passe dans la belle vallée de la Braye, sillonnée de haies et de chemins creux; à *Bessé-sur-Braye,*

Saumur vu en traversant la Loire.

Dans la vallée de la Braye.

La cathédrale de Chartres vue du wagon.

au milieu de verdoyantes prairies s'embranche la petite ligne de Saint-Calais; après Savigny-sur-Braye, à *Sargé*, en plein Loir-et-Cher, se raccorde l'embranchement de Montoire.

Mondoubleau, bien amusant à voir du wagon avec son donjon éventré qui penche non loin du clocher neuf de son église, droit comme un i ; *Courtalain-Pellerin*, point de jonction des lignes de Châteaudun et de Connerré avec la nôtre; Brou et Illiers que le train contourne dans toute leur étendue, nous amènent à CHARTRES, où nous retrouvons notre vieille connaissance, la ligne de Bretagne, pour rentrer à Paris.

TABLE DES MATIÈRES

La Rochelle. — Une maison Renaissance.

RENSEIGNEMENTS PRATIQUES

AVIS. — Nous donnons ci-après les prix maxima des chemins de fer ; les diverses Compagnies fournissent gratuitement des Barèmes permettant de calculer la réduction dont bénéficient les grands parcours.

De Paris à Nantes *viâ* Sablé et Segré : 1re classe, **44** fr. **35** ; 2e classe, **29** fr. **95** ; 3e classe, **19** fr. **50**.

De Nantes à Pornic : 1re cl., **5** fr. **80** ; 2e cl., **4** fr. **30** ; 3e cl., **2** fr. **80**.

De Pornic au Mindin (courrier) : **2** fr. **50** ; aller et retour, **3** fr. **50**.

Du Mindin à Saint-Nazaire (traversée de la Loire) : **0** fr. **30**.

De Pornic à Challans : 1re cl., **6** fr. **40** ; 2e cl., **4** fr. **75** ; 3e cl., **3** fr. **05**.

De Challans à la Barre de Monts (voiture publique) : **3** fr. **50**.

De Bourgneuf à la Barre de Monts (voiture publique) : **3** fr. **50**.

De la Barre de Monts à Saint-Jean de Monts (voiture publique) : **1** fr. **50**.

De Saint-Jean de Monts à Challans (courrier) : **2** fr.

De Challans à Saint-Gilles-sur-Vie : 1re cl., **2** fr. **45** ; 2e cl., **1** fr. **80** ; 3e cl., **1** fr. **20**.

De Saint-Gilles-sur-Vie à la Roche-sur-Yon : 1re cl., **1** fr. **90** ; 2e cl., **1** fr. **45** ; 3e cl., **0** fr. **95**.

De Nantes à Clisson : 1re cl., **2** fr. **75** ; 2e cl., **2** fr. **05** ; 3e cl., **1** fr. **35**.

De Clisson à la Roche-sur-Yon : 1re cl., **5** fr. **10** ; 2e cl., **3** fr. **75** ; 3e cl., **2** fr. **45**.

De la Roche-sur-Yon aux Sables-d'Olonne et *vice versâ* : 1re cl., **3** fr. **70** ; 2e cl., **2** fr. **70** ; 3e cl., **1** fr. **80**.

De la Roche-sur-Yon à la Rochelle : 1re cl., **10** fr. **50** ; 2e cl., **7** fr. **80** ; 3e cl., **5** fr. **05**.

De Velluire à Fontenay-le-Comte et *vice versâ* : 1re cl., **1** fr. **25** ; 2e cl., **0** fr. **90** ; 3e cl., **0** fr. **60**.

De la Rochelle au port de la Pallice : 1re cl., **0** fr. **80** ; 2e cl., **0** fr. **60** ; 3e cl., **0** fr. **40**.

De la Rochelle à Fouras : 1re cl., **3** fr. **70** ; 2e cl., **2** fr. **70** ; 3e cl., **1** fr. **80**.

De la Rochelle à Rochefort : 1re cl., **2** fr. **95** ; 2e cl., **2** fr. **20** ; 3e cl., **1** fr. **45**.

De Rochefort à Cabariot : 1re cl., **1** fr. **10** ; 2e cl., **0** fr. **85** ; 3e cl., **0** fr. **55**.

RENSEIGNEMENTS PRATIQUES *(Suite)*.

De Cabariot au Chapus et *vice versâ* : 1re cl., **3** fr. **10**; 2e cl., **2** fr. **25**; 3e cl., **1** fr. **45**.

Du Chapus au Château-d'Oléron et *vice versâ* (bateau à vapeur) : 1re cl., **0** fr. **75**; 2e cl., **0** fr. **50**.

De Cabariot à Taillebourg : 1re cl., **2** fr. **45**; 2e cl., **1** fr. **80**; 3e cl., **1** fr. **20**.

De Taillebourg à Saintes : 1re cl., **1** fr. **05**; 2e cl., **0** fr. **80**; 3e cl., **0** fr. **45**.

De Saintes à Pons : 1re cl., **2** fr. **45**; 2e cl., **1** fr. **80**; 3e cl., **1** fr. **20**.

De Pons à Royan : 1re cl., **3** fr. **25**; 2e cl., **2** fr. **70**; 3e cl., **1** fr. **85**.

De Saujon à la Grève : 1re cl., **2** fr. **45**; 2e cl., **1** fr. **80**; 3e cl., **1** fr. **15**.

De Pons à Bordeaux : 1re cl., **9** fr. **55**; 2e cl., **7** fr.; 3e cl., **4** fr. **60**.

De Bordeaux à Royan. — 1° par bateaux : 1re cl., **6** fr.; 2e cl., **4** fr.; aller et retour, **8** fr. **50** et **6** fr. **50**. — 2° par le chemin de fer du Médoc : de Bordeaux au Verdon : 1re cl., **11** fr. **30**; 2e cl., **8** fr. **50**; 3e cl., **6** fr. **20**, y compris le tramway du Verdon à la Pointe de Grave et le bateau de la Pointe de Grave à Royan.

Le tramway seul, du Verdon à la Pointe de Grave et *vice versa* : **0** fr. **50**.

Le bateau seul, de la Pointe de Grave à Royan et *vice versâ* : **2** fr.

De Royan à Paris : 1re cl., **54** fr. **85**; 2e cl., **40** fr. **30**; 3e cl., **27** fr. **25**.

Paris. — Lib.-Imp. réunies, 7, rue Saint-Benoît.

L'EMBARCADÈRE D'OSTENDE-QUAI.

Départ du paquebot *Princesse-Henriette* pour Douvres. (Traversée en trois heures.)

LES COMMUNICATIONS AVEC OSTENDE

Le gouvernement belge ne néglige rien pour faciliter les communications avec Ostende. Grâce aux efforts des administrations des chemins de fer et de la marine de l'État, la durée du voyage entre Ostende et les grandes villes du continent et de l'Angleterre a été considérablement réduite et le voyage même rendu plus agréable par l'amélioration constante du matériel de transport.

Le « Léopold II », la « Marie-Henriette », la « Princesse Henriette », la « Princesse Joséphine », la « Flandre », la « Ville de Douvres » et le « Prince Albert » ne laissent rien à désirer, pas plus sous le rapport de la vitesse que sous celui de l'élégance, de la solidité et du confort le mieux entendu.

La machinerie de la « Princesse Henriette », qui a servi de modèle-type, a été exhibée à l'Exposition internationale d'Édimbourg de 1890; actionnée par un moteur électrique, elle a fait l'admiration des connaisseurs.

Les nouveaux bateaux, dont la vitesse est de vingt et un et vingt-deux nœuds à l'heure, sont d'excellents marcheurs. Ils font la traversée d'Ostende à Douvres en trois heures. Le « Léopold II » est le plus rapide marcheur des steamers à aubes du monde entier.

D'autre part, la voie ferrée a été renouvelée et améliorée, et l'emploi de rails d'un type nouveau a facilité la traction de ces trains par des locomotives puissantes.

En même temps que les billets à taxe normale, il est mis en distribution, du 1er juin au 30 septembre de chaque année, des billets d'excursion aller et retour, Ostende-Douvres et Douvres-Ostende, au prix de 11 fr. 25 en 1re classe et 8 fr. 75 en 2e classe. Ces billets sont valables trois jours.

CHEMINS DE FER DE PARIS-LYON-MÉDITERRANÉE

VOYAGES CIRCULAIRES A ITINÉRAIRES FIXES

Il est délivré, pendant toute l'année, à la gare de Paris-Lyon, ainsi que dans les principales gares situées sur les itinéraires, des *billets de voyages circulaires à itinéraires fixes*, extrêmement variés, permettant de visiter, *en 1re ou 2e classe*, à des *prix très réduits*, les contrées les plus intéressantes de la France (notamment l'Auvergne, le Dauphiné, la Savoie, la Provence, les Pyrénées, etc.), ainsi que l'Algérie, la Tunisie, l'Espagne, l'Italie et la Suisse.

Billets d'Aller et Retour collectifs

DÉLIVRÉS PAR TOUTES LES GARES **P.-L.-M.**

pour

LES VILLES D'EAUX

desservies par le réseau P.-L.-M. — *Valables* 30 *jours*, avec faculté de prolongation, moyennant 10 0/0 de supplément pour chaque période de prolongation.

Il est délivré, du 15 Mai au 15 Septembre, dans toutes les gares du réseau P.-L.-M., sous condition d'effectuer un parcours minimum de 300 kilomètres aller et retour, aux familles d'au moins quatre personnes payant place entière et voyageant ensemble, des billets d'aller et retour collectifs de 1re, 2e et 3e classe pour les stations suivantes : Aix, Aix-les-Bains, Albertville, Baume-les-Dames, Bollène-la-Croisière, Bourbon-Lancy, Carpentras, Cette, Chambéry, Charbonnières, Clermont-Ferrand, Cluses, Coudes, Digne, Euzet-les-Bains, Evian-les-Bains, Genève, Gières-Uriage, Goncelin-Allevard, Groisy-le-Plot-la-Caille, La Bastide-Saint-Laurent-les-Bains, Lépin-Lac-d'Aiguebelette, Le Vigan, Manosque, Montélimar, Montpellier, Montrond, Moulins, Pougues, Riom, Roanne, Sail-sous-Couzan, Saint-Georges-de-Commiers, Saint-Jullien-de-Cassagnas, Saint-Martin-d'Estréaux, Salins, Santenay, Sauve, Thonon-les-Bains, Vals-les-Bains-la-Bégude, Vandenesse-Saint-Honoré-les-Bains, Vichy, Villefort.

Le prix s'obtient en ajoutant au prix de six billets simples ordinaires le prix d'un de ces billets pour chaque membre de la famille en plus de trois. Les trois premières personnes payent donc le plein tarif, la quatrième personne et les suivantes le demi-tarif.

Les demandes de ces billets doivent être faites 4 jours au moins avant celui du départ, à la gare où le voyage doit être commencé.

Billets d'Aller et Retour

DE PARIS A BERNE

ET A INTERLAKEN

Viâ Dijon-Pontarlier-Les Verrières-Neuchâtel ou réciproquement.

PRIX DES BILLETS :

de PARIS à

BERNE		INTERLAKEN	
1re classe.	**101** fr.	1re classe.	**113** fr.
2e —	**75** »	2e —	**84** »
3e —	**50** »	3e —	**56** »

Valables **60** jours.

Billets délivrés du 15 avril au 15 octobre.

DE PARIS A TURIN

A MILAN, A GÊNES ET A VENISE

Viâ **Mont-Cenis** ou réciproquement.

Valables **30** jours. — Arrêts facultatifs.

POUR TURIN (1)	POUR MILAN
1re cl. **147** fr. **60**	1re cl. **166** fr. **35**
2e cl. **106** fr. **10**	2e cl. **119** fr. »
POUR GÊNES	**POUR VENISE**
1re cl. **167** fr. **10**	1re cl. **216** fr. **35**
2e cl. **119** fr. **15**	2e cl. **154** fr. »

(1) Avec faculté de prolongation de 15 jours moyennant 10 0/0. En outre, ces billets sont valables 60 jours en prenant à Turin un billet circulaire italien.

Billets d'Aller et Retour de Bains de mer

(Billets individuels et collectifs)

Il est délivré, *du 1er Juin au 15 Septembre* de chaque année, des billets d'aller et retour de bains de mer, de 1re, 2e et 3e classe, à prix réduits, pour les stations balnéaires suivantes :

Aigues-Mortes, Antibes, Bandol, Beaulieu, Cannes, Hyères, La Ciotat, La Seyne-Tamaris-sur-Mer, Menton, Monaco, Monte-Carlo, Montpellier, Nice, Saint-Raphaël, Toulon et Villefranche-sur-Mer.

Ces billets sont émis dans toutes les gares du réseau P.-L.-M. et doivent comporter un parcours minimum de 300 kilom. aller et retour.

PRIX. — Le prix des billets est calculé d'après la distance afférente **au parcours réellement effectué** et d'après un barème comportant des *réductions importantes pouvant atteindre 50 0/0* pour les billets de famille.

Validité : **33** jours. — Arrêts facultatifs.

CARTES D'ABONNEMENT

De 1re, 2e et 3e classe. — Pour 1 mois, 3 mois, 6 mois ou un an.

(Payement fractionné des prix.)

VOITURES DE LUXE

(Coupés, coupés-lits, fauteuils, lits-salons.)

Observation importante. — Les renseignements les plus complets sur les Voyages circulaires (conditions, prix, cartes, itinéraires), ainsi que sur les Cartes d'abonnement, Billets directs et d'aller et retour, Relations internationales, horaires, etc., sont renfermés dans un *Livret-Guide officiel* édité par la Compagnie P.-L.-M. et mis en vente dans les principales gares et bibliothèques de son réseau, ainsi que dans ses bureaux de ville, au prix de 30 centimes.

CHEMINS DE FER DU MIDI

VOYAGES CIRCULAIRES

DANS LE CENTRE DE LA FRANCE ET AUX PYRÉNÉES

1er, 2e et 3e ITINÉRAIRES

1re classe, **163** fr. **50**; — 2e classe, **122** fr. **50**.

DURÉE DES VOYAGES : **30** JOURS

Faculté de prolongation moyennant supplément de **10 0/0**.

1° **Paris** (gare d'Orléans), **Bordeaux, Arcachon, Mont-de-Marsan, Tarbes, Bagnères-de-Bigorre, Montréjeau, Bagnères-de-Luchon, Pierrefitte-Nestalas, Pau, Bayonne, Bordeaux, Paris** (gare d'Orléans).

2° **Paris** (gare d'Orléans), **Bordeaux, Arcachon, Mont-de-Marsan, Tarbes, Pierrefitte-Nestalas, Bagnères-de-Bigorre, Bagnères-de-Luchon, Toulouse, Paris** (gare d'Orléans).

3° **Paris** (gare d'Orléans), **Bordeaux, Arcachon, Dax, Bayonne, Pau, Pierrefitte-Nestalas, Bagnères-de-Bigorre, Bagnères-de-Luchon, Toulouse, Paris** (gare d'Orléans).

Ces billets sont délivrés immédiatement à la gare du chemin de fer d'Orléans, quai d'Austerlitz, à Paris. Il est également délivré des billets à toutes les gares et stations du réseau d'Orléans et aux principales gares du réseau du Midi situées sur l'itinéraire à parcourir, pourvu que la demande en soit faite au moins trois jours à l'avance.

BILLETS DE FAMILLE

à destination des stations hivernales et balnéaires des Pyrénées.

Des billets de famille, de 1re et 2e classe, sont délivrés toute l'année à toutes les stations des réseaux d'Orléans, de l'État et du Midi, pour :

Alet, Arcachon, Argelès-Gazost, Ax-les-Thermes, Bagnères-de-Bigorre, Bagnères-de-Luchon, Banyuls-sur-Mer, Biarritz, Boulou-Perthus (le), **Cambo ville, Capvern, Céret** (Amélie-les-Bains, La Preste, etc.), **Couiza-Montazels, Dax, Guéthary** (halte), **Hendaye, Lamalou-les-Bains, Laruns-Eaux-Bonnes, Oloron-Sainte-Marie, Pierrefitte-Nestalas, Pau, Prades** (Le Vernet et Molitg), **Saint-Flour** (Chaudesaigues), **Saint-Girons, Saint-Jean-de-Luz, Salies-du-Béarn, Salies-du-Salat** et **Ussat-les-Bains.**

Avec les réductions suivantes calculées sur les prix du tarif général d'après la distance parcourue, sous réserve que cette distance, aller et retour compris, sera d'au moins 500 kilomètres :

Pour une famille de deux personnes, 20 0/0 ; de trois, 25 0/0 ; de quatre, 30 0/0 ; de cinq, 35 0/0 ; de six ou plus, 40 0/0.

Durée de validité : 33 jours, non compris les jours de départ et d'arrivée.

Faculté de prolongation moyennant supplément de 10 0/0.

NOTA. — Ces billets doivent être demandés 4 jours à l'avance.

BILLETS D'ALLER ET RETOUR

INDIVIDUELS

à destination des stations hivernales et balnéaires des Pyrénées.

Des billets aller et retour individuels de toutes classes, avec réduction de 25 0/0 en 1re classe et de 20 0/0 en 2e et 3e classe, sur les prix du tarif général, d'après l'itinéraire effectivement suivi, sont délivrés, toute l'année, à toutes les stations des réseaux de l'État, d'Orléans et du Midi pour les mêmes stations hivernales et balnéaires que ci-dessus.

Durée de validité : 15 jours, non compris les jours de départ et d'arrivée.

Cette durée peut être prolongée d'une ou deux périodes de 10 jours, moyennant payement, pour chacune d'elles, d'un supplément égal à 10 0/0 du prix du billet d'aller et retour.

NOTA. — La demande de ces billets doit en être faite 3 jours au moins avant celui du départ.

Un Livret indiquant en détail les prix et les conditions dans lesquelles peuvent être effectuées les excursions ci-dessus est envoyé *franco* à toute personne qui en fait la demande à la Compagnie du Midi. Cette demande peut être adressée, soit au bureau commercial de la Compagnie, 54, boulevard Haussmann, à Paris, soit au bureau des tarifs, rue de la Gare, à Bordeaux.

CHEMINS DE FER DE L'OUEST

BAINS DE MER

DE PARIS AUX STATIONS BALNÉAIRES OU THERMALES SUIVANTES :

1° — Billets d'Aller et Retour individuels VALABLES PENDANT QUATRE JOURS

ALLER : le VENDREDI (1), le SAMEDI ou le DIMANCHE. — **RETOUR** : le DIMANCHE ou le LUNDI seulement.

De Paris aux gares suivantes :	1re classe.	2e classe.
DIEPPE (Criel, Puys, Pourville, Berneval)	27 fr. »	20 fr. »
LE TRÉPORT (Mers), EU (Ault, Onival)	30 »	21 »
CANY (Veulettes, les Petites-Dalles) SAINT-VALERY-EN-CAUX (Veules) LE HAVRE (Sainte-Adresse, Bruneval) FÉCAMP, LES IFS (Yport, Étretat) TROUVILLE-DEAUVILLE, VILLERS-SUR-MER, HONFLEUR, CAEN	30 »	22 »
CABOURG (Le Home-Varaville) DIVES, BEUZEVAL (Houlgate)	33 »	24 »
LUC, Lion-sur-Mer, LANGRUNE, SAINT-AUBIN — Prix pour le parcours total.	34 »	25 »
BERNIÈRES, COURSEULLES (Ver-sur-Mer) — Prix pour le parcours total.	35 »	26 »

De Paris aux gares suivantes :	1re classe.	2e classe.
BAYEUX (Arromanches, Asnelles, etc.)	36 fr. »	27 fr. »
ISIGNY-SUR-MER (Grandcamp-les-Bains, Sainte-Marie-du-Mont)	40 »	30 »
MONTEBOURG et VALOGNES (Saint-Vaast-la-Hougue, Quinéville)	45 »	34 »
CHERBOURG PORT-BAIL et CARTERET	50 »	37 »
COUTANCES (Agon, Coutainville, Régneville) GRANVILLE (Saint-Pair, Donville)	45 »	34 »
EAUX THERMALES		
BAGNOLES-DE-L'ORNE, par Briouze	40 »	30 »
FORGES-LES-EAUX (Seine-Inférieure)	19 »	14 »

(1) Exceptionnellement, ces billets sont valables le *Jeudi* par les trains partant de PARIS dès 6 h. 30 du soir.

2° — Billets d'Aller et Retour individuels VALABLES PENDANT TRENTE JOURS (Jour de la délivrance non compris).

De Paris aux gares suivantes :	1re classe.	2e classe.
BAYEUX ISIGNY-SUR-MER MONTEBOURG et VALOGNE CHERBOURG PORT-BAIL et CARTERET COUTANCES GRANVILLE SAINT-MALO-SAINT-SERVAN (Paramé, Rothéneuf, Cancale (par la gare de la Gouesnière-Cancale) DINARD (Saint-Enogat, Saint-Lunaire, Saint-Briac, Lancieux)	56 fr. »	37 fr. 80

De Paris aux gares suivantes :	1re classe.	2e classe.
LAMBALLE (Pléneuf, Le Val-André, Erquy, La Garde-St-Cast, St-Jacut-de-la-Mer) par la gare de Plancoët	59 fr. 40	40 fr. 10
SAINT-BRIEUC (Portrieux, Saint-Quay)	62 10	41 90
LANNION (Perros-Guirec)	71 90	48 55
MORLAIX (Saint-Jean-du-Doigt)	73 90	49 90
SAINT-POL-DE-LÉON	76 90	51 90
LANDERNEAU (Brignogan)	79 45	53 60
ROSCOFF (Ile de Batz)	77 70	52 45
BREST	82 »	55 35
SAINT-NAZAIRE	59 70	40 30

NOTA. — Les billets de 33 jours peuvent être prolongés une ou deux fois de 30 jours, moyennant le payement, pour chacune de ces périodes, d'un supplément de 10 0/0 du prix du billet

CHEMINS DE FER DU NORD

SAISON DES BAINS DE MER

Du 15 Mai au 15 Octobre

PRIX AU DÉPART DE PARIS :

Billets d'Aller et Retour valables du Vendredi au Mardi

	1re cl.	2e cl.	3e cl.
Le Tréport-Mers	25 75	20 35	13 90
Saint-Valery	27 15	21 35	14 75
Cayeux	27 15[1]	21 35[1]	14 75[1]
Le Crotoy	26 45[1]	20 85[1]	14 35[1]
Berck	29 60[1]	23 05[1]	16 20[1]
Étaples (Le Touquet — Paris-Plage)	30 90	23 95	17 »
Boulogne	34 »	25 70	18 90
Wimille-Wimereux	34 55	26 10	19 30
Ambleteuse, Audresselles, Wissant (Marquise)	35 50[2]	26 75[2]	20 »[2]
Calais	37 90	29 »	21 95
Gravelines	38 85	29 95	22 60
Dunkerque	38 85	29 95	22 60

1. Ce prix ne comprend pas le trajet du chemin de fer d'intérêt local.

2. Ce prix ne comprend que le trajet en chemin de fer.

PARIS-LONDRES

CINQ SERVICES RAPIDES QUOTIDIENS DANS CHAQUE SENS. — *Trajet en 7 h. 1/2. — Traversée en 1 h. 1/4.*

Tous les trains, sauf le **Club-Train**, comportent des 2es classes. — En outre, les trains de malle de nuit partant de **Paris** pour **Londres** à 8 h. 25 du soir, et de **Londres** pour **Paris** à 8 h. 15 du soir, prennent les voyageurs munis de billets de 3e classe.

DÉPART DE PARIS

Via Calais-Douvres : 8 h. — 11 h. 30 du matin — 3 h. 15 (Club-Train) et 8 h. 25 du soir.
Via Boulogne-Folkestone : 10 h. 20 du matin.

DÉPART DE LONDRES

Via Douvres-Calais : 8 h. — 11 h. du matin — 3 h. (Club-Train) et 8 h. 15 du soir.
Via Folkestone-Boulogne : 10 h. du matin.

Les voyageurs munis de billets de 1re classe sont admis *sans supplément* dans la voiture de 1re classe ajoutée au Club-Train entre **Paris** et **Calais**. De **Calais** à **Londres**, supplément de **12 fr. 50**.

BAINS DE MER DE L'OCÉAN

1° BILLETS de BAINS de MER au départ de Paris

Billets d'Aller et Retour valables pendant 33 jours

NON COMPRIS LE JOUR DU DÉPART

(DÉLIVRÉS DU 1er MAI AU 31 OCTOBRE)

DE *PARIS-MONTPARNASSE* OU DE *PARIS-AUSTERLITZ* aux gares ci-après et retour	PRIX ALLER ET RETOUR — SECTION I sans faculté d'arrêt aux gares intermédiaires			SECTION II faculté d'arrêt entre *CHARTRES* ou *TOURS* et la station balnéaire		
	1re cl.	2e cl.	3e cl.	1re cl.	2e cl.	3e cl.
Royan	71 30	52 40	38 15	80 65	61 20	43 60
La Tremblade (1)	74 25	54 20	39 »	83 80	63 30	44 55
Le Chapus	67 20	49 10	35 »	77 05	58 20	40 »
Le Château (Ile d'Oléron)	68 70	50 60	36 20	78 55	59 70	41 20
Marennes	66 25	48 35	34 50	76 10	57 50	39 45
Fouras	68 90	46 50	33 25	78 75	55 75	38 »
Châtelaillon	62 35	46 15	32 50	71 95	55 25	37 10
La Rochelle	61 10	45 10	31 85	70 50	54 20	36 40
Les Sables-d'Olonne	62 60	46 35	32 60	72 25	57 05	37 30
St-Gilles-Croix-de-Vie	64 55	46 55	32 70	74 50	57 30	37 35
De PARIS-MONTPARNASSE ou SAINT-LAZARE aux gares ci-après et retour						
Challans (2)	63 35	44 65	31 35	»	»	»
Bourgneuf (3)	58 50	42 90	30 10	»	»	»
Les Moutiers	58 50	43 30	30 40	»	»	»
La Bernerie	58 50	43 55	30 60	»	»	»
Pornic (4)	58 80	44 30	31 15	»	»	»
Saint-Père-en-Retz (5)	58 50	43 30	30 65	»	»	»
Paimbœuf (5)	59 05	43 30	30 80	»	»	»

CONDITIONS

SECTION I. — Les billets de Bains de Mer délivrés aux prix de la Section I ne sont valables que pour les destinations qu'ils indiquent et ne donnent pas le droit de s'arrêter dans une gare intermédiaire.

SECTION II. — Les billets de Bains de Mer délivrés aux prix de la Section II donnent, tant à l'aller qu'au retour, le droit de s'arrêter à toutes les gares intermédiaires entre Chartres ou Tours d'une part, et la station balnéaire de destination, d'autre part.

(*Voir les renvois au bas de la page suivante.*)

2° BILLETS DE BAINS DE MER

AU DÉPART DES GARES AUTRES QUE PARIS

Billets d'Aller et Retour valables 33 jours

NON COMPRIS LE JOUR DE LA DÉLIVRANCE

(DÉLIVRÉS DU 1er MAI AU 31 OCTOBRE)

Ces billets, qui comportent les mêmes réductions de prix que les billets d'aller et retour ordinaires, sont délivrés par toutes les gares, stations et haltes du réseau de l'Etat (*Paris excepté*) pour *Royan, La Tremblade* (1), *Le Chapus, Le Château* (ILE D'OLÉRON), *Marennes, Fouras, Châtelaillon, La Rochelle, Les Sables-d'Olonne, Saint-Gilles-Croix-de-Vie, Challans* (2), *Bourgneuf* (3), *Les Moutiers, La Bernerie, Pornic* (4), *Saint-Père-en-Retz* (5) et *Paimbœuf* (5).

ENFANTS. — Au dessous de 3 ans, les enfants ne payent rien, à la condition d'être portés sur les genoux des personnes qui les accompagnent. De 3 à 7 ans, ils payent moitié des prix des billets de Bains de Mer et ont droit à une place distincte; toutefois, dans un même compartiment, deux enfants ne pourront occuper que la place d'un voyageur. Au-dessus de 7 ans, les enfants payent place entière.

Les billets de Bains de Mer donnent, tant à l'aller qu'au retour, le droit de s'arrêter à toutes les gares intermédiaires.

Prolongation de la durée de validité. — La durée de validité de tous les Billets de Bains de Mer prévus aux 1° et 2° ci-dessus peut être prolongée de 20, 40 ou 60 jours, moyennant le payement d'un supplément de 10, 20 ou 30 % du prix du billet. Toute demande de prolongation doit être faite et le supplément payé avant l'expiration de la période pour laquelle la prolongation est demandée.

Billets d'ALLER et RETOUR de TOUTE GARE à TOUTE GARE

Il est délivré tous les jours, par toutes les gares, stations et haltes du réseau de l'Etat, et pour tous les parcours sur ce réseau, des billets d'aller et retour à prix réduits.

Les coupons de retour sont valables : 1° pour les trajets jusqu'à 100 kilom., le jour de l'émission, le lendemain et le surlendemain jusqu'à minuit; 2° pour les trajets de plus de 100 kilom., un jour de plus par 100 kilom., ou fractions de 100 kilom.

(1) La station de La Tremblade dessert la plage de Ronce-les-Bains. — (2) La station de Challans dessert les plages de l'Ile de Noirmoutier, de l'Ile-d'Yeu et de Saint-Jean-de-Monts. — (3) La station de Bourgneuf dessert les plages de l'Ile de Noirmoutier. — (4) Du 1er Juillet au 30 Septembre, service régulier de bateaux à vapeur entre Pornic et Noirmoutier. — (5) Les stations de Paimbœuf et de Saint-Père-en-Retz desservent la plage de Saint-Brevin-l'Océan. Les voyageurs porteurs de billets de Bains de Mer de Paris à Paimbœuf ont la faculté d'effectuer, sans supplément de prix, soit à l'aller, soit au retour, le trajet entre Nantes et Paimbœuf dans les bateaux de la Compagnie de Navigation de la Basse-Loire.

CHEMINS DE FER DE L'EST

VOYAGES CIRCULAIRES

PAR LES LIGNES DE L'EST

EN BELGIQUE, EN SUISSE, EN ITALIE, EN AUTRICHE, EN ALLEMAGNE ET EN ANGLETERRE

La Compagnie des chemins de fer de l'Est a organisé une série de voyages circulaires à prix réduits, qui permettent aux Touristes de visiter un grand nombre de villes et de sites remarquables en BELGIQUE (**vallée de la Meuse, grottes de Han et de Rochefort, avec traversée du Grand-Duché de Luxembourg**); en SUISSE (**Bâle, Lucerne, lac des Quatre-Cantons, Zurich, Coire, l'Engadine, les Alpes) cols du Splügen, du Bernardin et du Lukmanier, lac de Lugano), Saint-Gothard, Ragatz, Schaffhouse, chute du Rhin, lac de Constance**), en ITALIE (**les lacs Italiens, Milan, Venise, Florence, Rome**); en AUTRICHE (**Vienne, Ischl, le Salzkammergut et l'Arlberg**); en ALLEMAGNE (**Munich, Nuremberg, Stuttgart, Heidelberg, Baden-Baden, Francfort-sur-le-Mein, Mayence et les bords du Rhin**); en ANGLETERRE (**Douvres-Londres**).

VOYAGES CIRCULAIRES EN ITALIE

PAR LES LIGNES DE L'EST

Il est délivré toute l'année des billets pour de nombreuses combinaisons de voyages circulaires ayant principalement l'ITALIE pour objectif.

Au moyen de ces combinaisons, les voyageurs ont le choix entre un grand nombre d'excursions au **Nord des Alpes** (*parcours en dehors de l'Italie*) et au Sud des Alpes (*parcours italiens*) qu'ils peuvent effectuer avec deux billets, dont l'un est valable pour les parcours français, suisses, allemands ou autrichiens, suivant l'itinéraire choisi, et l'autre pour les parcours italiens. La durée de validité pour les deux parcours réunis est de **60 jours**.

FRANCE ET SUISSE (SAINT-GOTHARD)

viâ Troyes, Chaumont et Belfort.

Des services quotidiens par trains rapides composés de voitures de 1re et de 2e classe sont organisés entre Paris et Bâle, Lucerne (lac des Quatre-Cantons), Gœschenen (entrée du tunnel du Saint-Gothard), Airolo (sortie du tunnel), Bellinzona, Locarno (**lac Majeur**), **Lugano (lac de Lugano)** et **Milan**, trains de jour et de nuit.

1° **Trains de jour, viâ Petit-Croix-Mulhouse, départ de Paris à 8 h. 35 matin,** à partir du 1er juillet.

2° Trains de nuit, viâ Delle-Delémont, départ de Paris à 8 h. 35 soir, à partir du 1er juillet.

Des correspondances directes existent entre **Bâle** et les principales localités de la Suisse, telles que : **Baden, Zurich, Zug, Schinznach, Glaris, Ragatz, Coire et l'Engadine, Winterthur, Schaffhouse, Constance, Romanshorn, Rorschach, Lindau et Saint-Gall.**

Durée du trajet entre Paris et Bale : **9 heures.**

Des billets d'aller et retour sont délivrés pendant toute l'année à Paris pour Bâle, Schaffhouse, Constance, Winterthur, Saint-Gall, Zurich, Lucerne et Milan, et inversement. Il existe également des billets d'aller et retour dits *de saison*, délivrés à Paris du 15 mai au 15 octobre inclus, pour Bâle, Lucerne et Zurich. Ces derniers billets ont une validité de **30 jours** pour Bâle et de **60 jours** pour Lucerne et Zurich.

FRANCE, SUISSE ET ITALIE

(Par le Saint-Gothard).

Les voyageurs peuvent se rendre de Paris à Milan par trains directs et rapides, viâ Troyes, Belfort, Bâle, Lucerne et le Saint-Gothard, trains de jour et de nuit. La durée du trajet est d'environ **20 heures**. A Milan, les voyageurs trouvent des correspondances pour toute l'Italie.

Pour les prix, conditions et itinéraires, ainsi que pour la délivrance des billets et leur durée de validité, consulter le Livret spécial des Voyages circulaires établi par la Compagnie des chemins de fer de l'Est et mis à la disposition du Public dans sa gare de Paris et les bureaux succursales.

Pour tous autres renseignements, consulter les affiches, les indicateurs, et s'adresser aux Gares.

Paris. — MAY & MOTTEROZ, Lib.-Imp. réunies
7, rue Saint-Benoît.

www.ingramcontent.com/pod-product-compliance
Ingram Content Group UK Ltd.
Pitfield, Milton Keynes, MK11 3LW, UK
UKHW021542260726
13993UKWH00002B/588